편지

— 오세윤 수필선

현대수필가100인선 II · 10

수필과비평사 · 좋은수필사

편지

― 오세윤 수필선

책머리에

수필은 누구나 부담 없이 읽고, 마음만 먹으면 직접 쓸 수도 있는 가장 친근한 문학이다. 다른 영역의 문학이 영상매체에 밀려 신음하고 있는 중에도 수필 인구만은 날로 증가하여 바야흐로 수필 전성시대를 구가하고 있는 이유도 거기에 있을 것이다.

시대적 추세에 힘입어 수많은 수필전문지, 수필동인지가 창간되고, 이에 비례하여 신진 수필가도 날로 늘어나다 보니 이제는 그 많은 작가, 그 많은 작품 중에서 문학성 높은 작품을 가려 읽는 일이 쉽지 않게 되었다. 이런 현상은 작가에게나 독자에게나 결코 바람직한 일이 아니다. 더 나아가서는 수필을 연구하는 후세들에게도 큰 부담이 될 것이다.

이런 문제를 해결하는 데는 출판인도 마땅히 한몫을 감당해야 한다는 평소의 소신에 따라, 본사가 기꺼이 그 역할을 맡기로 했다. 그 첫 번째 사업으로 시대를 대표할 만한 수필가 100인을 선정하고, 작가가 자선한 40편 내외의 작품을 수록한 문고본을 발간하여 이를 널리 보급함으로써 그 소임을 다하고자 한다.

본사는 사명감을 가지고 이 사업을 추진해 나가기로 했다. 작가 선정을 전담할 편집위원회를 구성하고 전권을 위임하여 일체의 사적인 정실이나 청탁을 배제함으로써 전문성과 공정성을 확보해 나갈 것이다.

따라서 이 기획물 속에는 작가의 문학정신뿐만 아니라, 본사의 문학사적 기여 의지와 편집위원 제위의 수필문학에 대한 애정과 문인으로서의 양심이 함께 담겨 있음을 자부한다. 다만, 작가를 선정하는 기준에는 많은 견해의 차이가 있을 수 있고, 선정 과정에서도 미처 챙기지 못한 부분이 있을 것이라는 사실만은 인정하지 않을 수 없다. 이 점에 대해서는 관계자 여러분의 양해 있으시기 바란다.

이 시리즈의 발간 순서는 작가, 또는 본사의 사정에 의한 것일 뿐 그밖의 어떤 기준도 적용하지 않았음을 밝힌다.

본 기획물이 시대를 초월한 많은 수필 애호가들의 관심과 애정 속에 우리나라 수필문학 발전에 한 이정표가 되기를 바랄 뿐이다.

본사에서는 이상과 같은 취지로 《현대수필가 100인선》전 100권을 완간하여 큰 반향을 불러일으킨 바 있다.

그러나 우리 수필문단의 규모나 수필문학의 수준에 비추어 선정 작가를 100인으로 한정하는 것은 형평성이나 효율성 면에서 크게 부족하다는 의견이 많았고, 본사 또한 이를 통감하던 터라 기꺼이 《현대수필가 100인선 Ⅱ》를 발간하기로 했다.

본사의 충정에 찬동하여 출판에 응해주신 저자 여러분께 진심으로 감사한다.

2014년 9월
수필과비평 · 좋은수필 발행인　　서정환
현대수필가 100인선 간행 편집위원　　박재식　최병호
　　　　　　　　　　　　　　　　　정진권　강호형
　　　　　　　　　　　　　　　　　오세윤

책머리에 — **04**

1
방학동 은행나무

덕산장 — **12**
사나이로 태어나서 — **18**
겨울나무 — **24**
방학동 은행나무 — **30**
쇠뿔 값 — **35**
난향 — **43**
인연 — **48**

2
아버지의 찔레꽃

유년의 바다 — **54**

달빛 — **60**

6월의 붉은 노래 — **70**

만국기 소녀 — **76**

아버지의 팡세 — **81**

아버지의 찔레꽃 — **86**

3
도드람산

부부의 美學 ― **100**

도시락 데이트 ― **107**

류 목사 ― **112**

달리도의 소금 사람 ― **119**

승화 ― **126**

도드람산 ― **130**

정육점 ― **135**

노변잡설老邊雜說 ― **141**

4
벽제 하늘에 어머니를 여의고

막걸리 Ⅰ ─ **148**

막걸리 Ⅱ ─ **153**

위험한 남자, 유혹해보고 싶은 여자 ─ **159**

매화 피는 뜰에 ─ **164**

편지 ─ **168**

미역국 ─ **173**

유천乳泉 ─ **178**

벽제 하늘에 어머니를 여의고 ─ **183**

작가 연보 ─ **190**

방학동 은행나무

1

덕산장
사나이로 태어나서
겨울나무
방학동 은행나무
쇠뿔 값
난향
인연

덕산德山 장

추사 고택을 찾아가는 길, 해미 I·C를 나와 덕산읍을 지나다 보니 마침 장이 섰다. 불현듯 옛 기억이 발목을 잡는다. 호기심도 동했다. 피란 내려와 살던 홍성은 예서 불과 30리, 하릴없이 지내던 어린 시절 나는 삽다리 장과 덕산 장을 이웃 마을 굿판 돌 듯 뻔질나게 드나들었다.

그냥 지나쳐가기는 어쩐지 아쉬웠다. 해는 아직 중천에도 닿지 않았다. 고택도 불과 두어 마장 거리요 둘러보는 것도 시간 남짓이면 충분할 터, 초등학교 운동장에 차를 세우고 장으로 들어섰다.

장의 풍정은 예나 별반 변한 게 없었다. 사투리도 여전했고 나와 있는 물건들도 양이나 가짓수가 볼품없이 초라했다. 이렇다 할 특징이 없는 것도 이전이나 매한가지였다.

한산했다. 장꾼들로 북적대지도 않았고 거나하게 취해 몸을 가누지 못하는 사람도, 풍각쟁이도, 일없이 어정대는 동네 사람도 없었다. 규모도 훨씬 작아져 있었다. 쇠전도 서지 않았고 떡전거리도 사라졌다. 살집 튼실한 누런 황소가, 비리비리 마른 암소가 똥을 질퍽하게 쏟아놓던, 팔려가는 송아지를 두리두리 쳐다보다 그 사라진 쪽 하늘로 머리를 치켜들며 "음~메"하고 울던 어미 소의 커다란 눈이 찡하던 장바닥도, 모두 흔적도 없이 없어졌다. 국밥과 순대, 떡, 국수 따위를 팔던 음식점거리는 조잡한 식당가로 변해 발들일 맛이 없어졌다. 그 앞 어물전에는 금년 들어 갑자기 어획량이 늘어난 꽃게들만 무더기로 함지박에 담겨 버걱대고 있었다.

그래도 예전부터 장이 서던, 이제는 길고 널찍한 길로 변한 장터에는 여전히 옹기전이 열리고 어리전이 열리고 잡화전이 판을 벌여 손님을 불렀다. 낫과 호미, 쇠스랑 따위를 파는 철물전도 귀퉁이에 자리를 잡아 장날 맛을 냈다. 두메의 가을철답게 사과와 배, 감 따위 과일들이 곳곳에 풍성했다. 그 사이사이로 김을 매다 바로 나온 듯 보이는 아낙네들이 땅바닥에 올망졸망 곡물 주머니를 펼쳐놓고 앉아 지나는 장꾼들을 흘끔거리며 살폈다.

호기심 반 재미 반으로 기웃거리며 걷다 길가 한쪽 하얀 은행이 담긴 함지박 앞에 시건둥 멈춰섰다. 까지 않은 새하얀 은행알들이 모춤하게 쌓인 위에는 따로 한 되가 실할 비닐 봉다리 세 개가 포개져 얹혀 있었다. 깨끗해 보였다. 구워먹는 것 말고도 밥할 때 몇 알씩 두면 그 쫄깃하게 씹히는 맛이 별미가 아니던가. 구미가 당겼다. 그 앞에 쪼그려 앉았다.

"월매유?"

나는 그 옛날 익혔던 사투리를 써서 토박이인 체 말을 붙였다.

"오천 원이유."

아낙이 별다른 표정 없이 투박하게 대답한다. 볕에 그을린 주름진 얼굴이 검질겨 보였다.

"세 개 다 사문 월매래유?"

나는 좀 더 말투를 어눌하게 누그려 능청을 떨었다. 아낙이 흘끔 내 행색을 살피며 말을 받는다.

"만 오천 원인디 천 원은 빼주겠시유. 다 사믄 아래 있는 것 꺼정 다 드릴 거구먼유. 엄청 싼 거유."

눈꼬리로 짓는 웃음이 곱진 듯 보여 어쩔까 머뭇거리는 나를 흘깃거리던 아낙이 갑자기 얼굴을 까탈지게 굳히더니 고개를 삐딱하게 꼬아 장터목께를 쳐다보며 엉너리를 친다.

"시방 가져가겠다고 한 사람이 곧 올 거구먼유. 하지만 먼저 사가는 사람이 임자가 아닌감유. 살라믄 싸게(빨리) 가져가셔유. 호두두 잇시유. 이것도 마저 사유. 헐하게 줄라니께유."

뿌옇게 색이 바랜, 허름한 비닐봉지에 담겨 눈에 잘 띄지 않던 호두봉지를 아낙이 내 앞으로 밀어내 놓는다. 되가웃이 될 듯 실하게 담겼다. 알이 좀 작아 보이기는 했지만 패인 골마다 검정 흙이 묻어 있는 것이 햇것이 확실했다. 농촌에서는 가을에 호두를 수확하면 두엄더미에 묻어두어 겉의 육질을 썩히기 때문에 껍질에는 곧잘 검은 흙이 묻었다.

"그건 또 얼매유?"

망설임 없이 값을 물었다.

값을 물은 이상 흥정은 끈질기게 이어지기 마련, 여기는 충청도가 아닌가. 나는 천 원을 더 깎아 산 은행 봉지만을 집어 들며 일어설 듯하는 몸짓으로 아낙을 압박했다.

"만 이천 원은 받아야 하는디 은행도 사셨으니 만 원만 줘유."

아낙이 슬그머니 말꼬리를 내린다.

"팔천 원만 하지유."

나는 흥미가 반쯤밖에 없다는 시큰둥한 얼굴로 값을 덜퍼덕 깎았다. 아무리 사투리를 그럴싸하게 써서 토박이인 체 해도, 충청도에서 물건을 사면서, 더구나 시골 장에서 물건을 사며 값을 깎지 않는다면 그건 간첩이다. 나 객지 사람이요, 하고 광고하는 것과 다름이 없다.

그렇게는 안 돼유, 하면서도 아낙은 말끝을 느슨하게 풀어 흥정의 여지를 남긴다. 곁에 풋고추와 부루(상치)를 놓고 팔던 아낙이 흥정을 거든다.

"웬만허믄 디려, 집에 가서 또 따믄 되잖는감."

그 한마디로 족했다. 마지못해 하는 시무룩한 얼굴로 아낙이 호두 봉지를 넘겨준다. 하지만 금세, 거스름돈을 내주는 아낙의 얼굴이 꾸무럭거리던 날씨 개듯 환하게 펴진다. 의아했다. 그런대로 값이 만족하다는 걸까, 아님 집에 일찍 가게 돼서 좋다는 걸까.

나도 좋았다. 횡재라도 한 기분이었다. 넉넉한 양까지 감안하면 거의 반값이 아닌가. 양손에 봉지를 나눠 들고 자리에서 일어섰다.

차를 둔 곳에 오자 문득 아낙들 곁에 김을 파는 리어카가 있던 게 생각났다. 질 좋은 김이 나는 광천이 예서 멀지 않으니 그곳 산물일 게 확실했다. 가져온 것들을 트렁크에 넣고 바로 돌아서 갔다. 리어카 앞에 다가서며 보니 아까의 두 아낙이 몸을 굽힌 채 주섬주섬 물건들을 걷고 있었다. 얼핏 그네들이 주고받는 이야기가 귓밥을 건드렸다. 고추 아낙이 물었다.

"아까 그거 묵은 호두 아녀?"

"그러여."

"욕 안 할라나?"

그제야 나는 묵은 호두를 햇것으로 알고 잘못 산 걸 알았다. 낭패스럽고 고약했다. 시골 사람이라고 예전처럼 모두 순박한 줄로 알았더니.

부아가 났다. 몸을 돌려 따져보려는 참에 호두 아낙의 말이 등을 찔렀다.

"맞어. 헛간 옆댕이 두엄더미를 치우다 주슨 거여. 아덜 내외가 널 모레 온다잖어. 그이(게)를 좀 사다 장을 담글라고 보니

께 돈 될 게 마땅찮은 기여. 은행만 갖곤 안 되것길래 그것 알라 들고 나왔는디 팔고 본 게 마음이 그러네. 허긴 햇것이라며 팔던 않았으니께 내 잘못만은 아녀."

그녀만 탓할 일도 못 됐다. 김이나 사 들고 갈 일이었다. 나는 리어카 아낙이 건네주는 김 두 톳을 들고 얼른 그 자리를 떴다. 정오를 설핏 넘긴 가을볕이 목덜미에 따갑게 내려쪼였다. 햇살이라도 발라 잰 듯 자르르 윤기 흐르는 김에서는 싱그러운 바닷냄새가 달콤 짭조름하게 났다.

사나이로 태어나서

"사나이로 태어나서 할 일도 많다만 짠 짜잔 -."

술이 몇 순배 돌아 거나해지면 동규는 벌떡 일어나 으레 군가를 부른다. 그것도 딱 첫 한 소절만을 연거푸 부른다. 왼쪽으로 고개를 갸웃이 들어 돌린 채 꿈인 듯 취한 듯 어리바리한 표정으로 발 박자를 맞춰가며 낮게 군가를 부른다.

그럴 때면 그가 벌써 자기 주량을 다 채운 것임을 알고 더는 그에게 술을 권하지 않는다. 거기서 한두 잔만 더하면 동규는 곧장 고개를 푹 꺾고 앉아 코를 골아대는 게 정해진 코스여서 그냥 버려두고 우리끼리 술잔을 돌리며 된소리 안 된 소리로 회포들을 푼다.

군가를 부를 때의 친구의 눈은 몽롱하게 풀려 있다. 허공을 향해 고정된 눈에는 이미 우리도 없고 현재도 없다. 다른 곳

다른 시간 속을 배회하고 있는 모양새로 말을 해도 듣는 둥 만 둥이다. 친구들은 그 순간 동규가 젊은 날의 군대 시절로 돌아가 있는 거라고도 하고, 홀어머니와 두 여동생과 함께 지내던 고향을 꿈꾸고 있을 거라고도 했다. 또 다른 친구는 지금 동규가 그의 첫사랑 댕기머리 애심이를 그리고 있는 거라며 키득거리고는 했다.

내가 그를 처음 만난 건 6·25 전란 통에 충청도 한 소읍으로 피란 내려가 그곳 야간 고등공민학교(중학과정)에 입학하면서였다. 나는 그때 그와 별로 가깝지 않았다. 열여섯 늦은 나이에 입학한 나보다도 두 살이나 더 많은 탓도 있었지만 앉아 공부하는 자리가 달라 접촉할 기회를 얻지 못했기 때문이다. 학교에서 거리가 꽤 되는 역에서 소사로 일하던 그는 거의 매일 지각하다시피 등교해 항상 뒷자리에 앉아 공부했고, 끝나면 곧장 교실을 빠져나가 말 한마디 나눌 틈이 없었다.

하긴 우리 모두 정규학교의 급우들처럼 그렇게 가깝게 지낼 처지들이 못 되었다. 대부분 낮엔 직장에 다녀 개인적으로 사귈 겨를이 없었다.

야간학교를 졸업하고 공군에 자원입대했다는 소식을 끝으로 우리들의 화제에서 사라졌던 동규를 다시 만난 건 오십 대 후반, 서울 사는 동기들을 중심으로 만들어진 작은 모임에서였다. 그때 동규는 법무사 사무실 사무장으로 일하고 있었다. 하지만 말이 사무장이지 실제 친구가 하는 일은 멀리 지방을 다니며 서류를 전달하는 따위 단순하고 궂은 외근이었다.

그렇긴 해도 친구는 자기 일에 자부심이 대단했다. 평소의 눌변과는 달리 지방에 가서 겪었던 일들을 조근조근 재미나게 이야기했다. 하지만 환갑을 지내고 얼마 뒤부터 능동적이고 활기차던 언행에 이상한 점들이 나타나기 시작했다. 몸놀림이 굼떠지고 목소리가 속삭이듯 가늘어졌다.

학생 때부터도 말이 없고 목소리가 작았지만 점차 더 약해져 한껏 주의를 기울여 들어야만 무슨 이야기인지를 알 수 있을 정도였다. 걸음걸이도 뚜렷하게 느려지고 등도 구부정하게 굽어갔다. 때로는 왼쪽 다리에 감각이 없다며 꼬집어 보라기도 하고, 점심을 먹고 나오면서 돈 계산을 못 해 쩔쩔매기도 했다. 어떤 날은 오줌을 지려 기저귀를 갈아 차야 한다며 모임 중간에 일어나 집으로 가는 때도 있었다.

심할 때면 일상의 단어들을 잊어먹고 곧잘 재우쳐 묻기도 했다. 그럴 때마다 친구는 스스로 치매 초기나 아닌지 모르겠다며 애매하게 웃었다. 자기가 사는 동네 이름을 잊어버리고 "내가 사는 동이 무슨 동이지?" 하고 되레 우리에게 묻는가 하면, 아버지의 누나를 뭐라고 부르냐고 참 어처구니없는 질문을 해대기도 했다. 왼쪽과 오른쪽을 헷갈려 의아해한 적도 한두 번이 아니었다. 그럴 때마다 우리는 그가 우스개로 농을 하는 줄로만 여겨 대수롭게 여기지 않았다.

그런 것들이 뇌경색의 진행 때문에 나타나는 증상들이란 걸 알게 된 건 그 얼마 뒤 법무사 사무실에서 권고사직을 당했다는 소식을 이웃 친구가 공개하고 나서였다. 그 뒤부터 동규는 모임에 더는 나오지 않았다.

연말을 맞아 친구 셋이 불암산 밑 그의 아파트로 병문안 간 날, 친구는 마침 오전 일을 끝내고 들어온 부인의 시중을 받으며 점심을 먹고 있었다.

몰골이 말이 아니었다. 일 년 남짓 못 본 사이 몸은 축이 날 대로 나고 키도 볼품없이 짜부라들어 눈을 맞추기조차 민망했다. 머리만 그대로 컸다. 병약한 초등학교 저학년의 그것처럼 조븟해진 어깨 위에 얹혀 있는 어른 얼굴, 초췌하게 주름진 얼굴이 낯설고 서글펐다. 힘겹게 수저를 놀리다 말고 친구가 조그맣게 말했다.

"내가 몸을 너무 험하게 굴렸나 봐."

가는 목소리로 하는 자책이 듣기 면구했다. 하긴 우리가 알기로도 그는 우리 중 누구보다도 세상을 참 힘들게 살아온 건 사실이었다. 서울역 지게 품팔이를 시작으로 동대문시장 짐꾼에서 양말 공장 공장장을 하기까지, 그러다 투자한 공장이 부도나는 바람에 거리로 나앉은 일, 건축 공사장 인부로 새벽 추위에 떨던 많은 날. 그중에서도 청소차 인부로 일하던 때의 끔찍했던 고생담은 들을 때마다 아팠다.

골목골목을 누비며 쓰레기를 수거해 난지도에 가면 대충 점심때가 된다고 했다. 참기 힘든 시장기에 허겁지겁 도시락 뚜

껑을 열면 어느 사이 파리들이 새카맣게 달려들어 밥을 덮는 바람에 밥알은 보이지도 않았다고, 그걸 쫓아내며 걸신들린 듯 걸터먹고 앉아 쉬노라면 그때야 발치 멀리 한강 물이 눈에 들어오더라고, 한낮 햇살 아래 유유히 흐르는 너른 강물과 그 너머의 아지랑이 일렁이는 아스라한 강변 정경이 마치 떠나온 전생의 한때를 보는 것처럼 현실감이 사라지고 꿈을 꾸고 있는 듯 아리송해지더라고 했다. 그럴 때면 문득 이런 일을 하는 지금의 자기가 진짜 자기가 맞는 건지 아니면 전생에 지은 업 때문에 이러고 있는 건지 혼란스러운 기분이 되더라고 했다. 그러다 보면 썩어 악취 나는 쓰레기더미도 윙윙 날아드는 파리 떼도 그저 업 때문인 인연이거니 여겨지고, 언젠가는 다시 군대생활 할 때처럼 걱정 없던 날로 돌아갈 거라는 생각이 들더라고 때마다 되뇌어 말하고는 했다.

"난 군대 갔을 때가 젤루 행복했어. 군대는 밥그릇으로 따지잖아. 밥걱정도 없고. 신참으로 들어온 대학 출신이 내게 경례를 부칠 땐 기분이 삼삼하데. 하긴 그런 것들보다도 신 나고 고마웠던 건 집사람을 만난 거지. 군복을 쫙 빼입고 병장 배지를 단 내가 그렇게 멋있어 보였던가 봐. 사회에 나왔을 때 나를 봤다면 어림 반 푼어치도 없었을 일이지. 집사람은 일생 내게 참 일념 정성이었어. 덕분에 기죽지 않고 살 수 있었지. 이 집도 집사람과 나, 그리고 아들 며느리가 허리띠 졸라매고 8년 걸려 장만한 거야. 가난은 나라도 구제 못 한다고 했잖아.

다 제 할 나름이지. 군대 갔다 왔겠다, 가정 이뤘겠다, 거기에 아파트까지 장만했으면 사나이로 태어나서 할 만큼 한 게 아니겠냐. 못 배운 게 한으로 남긴 하지만 어떻게 세상 다 이루고 살겠냐. 근데 좀 걱정스러워. 애써 장만한 아파트값이 마구 곤두박질친다니 말이야. 마누라한테 남길 재산이라곤 이것밖에 없는데….”

 말을 마친 친구가 밭은기침을 했다. 이우는 오후의 햇살이 서창을 비껴 내리고 있었다.

겨울나무

 놀라웠다. 거기, 옛날이 그대로 있었다. 609번 지방도로에 올라 용봉산의 날렵한 긴 허리를 오른쪽에 두고 달리기 10분 남짓, 길옆 과수원을 낀 낮은 함석지붕이 언뜻 눈에 들자 홀연 아연해지고 말았다. 40년 세월이 삽시간에 접혀졌다. 궁금했다. 어린 날의 친구, 아직도 그냥 그곳에 살고 있을까. 길을 되돌아 집 앞 느티나무 아래 빈터에 차를 세웠다.
 휘우뚱 잦혀 기운 채 대문은 활짝 열려 있었다. 반신반의로 올려다본 문설주에는 반갑게도 친구의 이름이 쓰인 흰 대리석 문패가 의연하게 붙어 있었다.
 들어서며 주인을 찾았다. 토방 곁에 누워 있던 누렁개가 엉거주춤 몸을 일으키며 싱겁맞게 짖었다. 이어 더덜뭇 방문이 열리면서 훌쭉하게 볼이 패인, 볼품없이 검게 그을린 사내의 얼굴이 삐죽이 비어져 나왔다.

누구를 찾느냐 묻는 초로에게 이름을 대며 다가서며 보니 익은 듯 설은 얼굴 윤곽이 긴가민가 어렴풋했다. 나와는 달리 친구는 금세 나를 알아보고 허겁지겁 신발을 꿰어 신으며 반색해 뛰쳐나왔다. 오래 살다 보니 세상엔 별일도 다 생긴다며 대뜸 내 손을 잡아 세차게 흔들어댄다. 좀 전의 굼뜨던 탯거리와는 영 딴판이었다.

친구는 왼팔 하나가 없었다. 왼쪽 어깨에 쏠리는 나의 시선을 의식하며 친구가 심드렁 해명했다. "응, 이거? 방앗간 피대에 말렸어."

설명설명 흔들리는 알맹이 없는 빈 팔소매 끝을 주머니에 찔러 넣으며 친구는 맺힌 데 없는 웃음을 헤식게 흘렸.

끌려 들어간 방안은 구지레한 바깥과 달리 깔끔하고 간결했다. 구닥다리 자개장과 20인치 고물 텔레비전이야 그러려니 여겨졌지만 벽 한쪽을 다 차지한 제법 고급스런 책장과 가득 꽂힌 책들은 사뭇 의외의 생급스런 감동이었다.

친구가 봉창을 열고 과수원 울타리를 손보고 있던 장정을 소리쳐 불러들였다. 아들이라고 했다. 바로 들어와 큰절로 인사를 하고 난 아들이 부엌에 나가 술상을 봐왔다.

친구는 나와 중학교 2학년 한 해를 한반에서 짝으로 앉아 공부했다. 아버지가 읍내초등학교 교감 선생님이셨던 친구는 변두리이던 내 하숙집에서도 한 마장을 더 가는 말무덤고개 아래 살았다. 사과과수원과 밭들 외에도 40마지기나 되는 논농사를 짓는 부농이었다. 위로 고등학교에 다니는 세 살 터울의 형과 아래로 두 여동생이 있으면서도 그는 늘 나하고만 등하교를 같이했다.

2학년 들어 한 달 만에 친구는 어머니를 여의었다. 슬픔에서 채 헤어나지도 못한 상고喪故 석 달 만인 여름방학 시작 바로 전에 그의 아버지가 새장가를 들었다. 열아홉 다홍치마, 새어머니는 그의 형보다 겨우 한 살이 더 많았다. 방학이 끝나 학교에 나온 친구의 얼굴은 많이 상해 있었다. 말수도 적어지고 많이 침울해했다. 공부시간에도 자주 심란한 표정을 하고 멍하니 창밖을 내다보는 조용한 아이가 되어갔다.

겨울방학 중의 어느 눈 오는 날, 친구가 핼쑥한 얼굴로 내 하숙집에 찾아왔다. 방에 들어서기 무섭게 친구는 어깨를 들먹이며 울음부터 터뜨렸다. 무슨 일이냐고 거듭 물어도 대답을 않고 울기만 하던 친구가 한참만에야 뜻밖의, 너무도 어이없는 이야기를 더듬더듬 토해냈다. 형이 목을 매 자살했다고 울먹울먹 말했다.

형은 새어머니가 들어온 첫날부터 그분에게 이성을 느끼고 빗나간 연정으로 고민했다고, 곁에서 지켜보기에도 딱하고 답답할 정도로 밤낮으로 몹시 힘들어했다는 이야기를 주섬주섬 털어놨다.

개학하고도 친구는 학교에 나오지 않았다. 연정으로 고민한

내용의 형의 유서가 발견된 다음날 새어머니가 집을 나갔다는 것과 이어 아버지마저 동네를 떠났다는 사실은 근 보름이 지나서야 알게 됐다.

토요일 방과 후 찾아가면 친구는 어김없이 밭이나 부엌, 아니면 우물 곁에서 일을 하다 나를 맞았다. 반가워는 하면서도 한가롭게 말을 주고받을 만큼 따로 틈을 내지는 못했다. 언제나 바빴다. 농사일과 집안일, 동생들 뒷바라지에 경황없는 눈치였다. 화제가 궁해지고 대화마저 단순해지면서 내 발길도 점차 더 드뎌지게 됐다.

친구가 엉뚱하게도 목욕을 가자고 했다. 일주일에 한 번, 아들과 함께 가는 목욕 일이 오늘이라고 했다. 아주 오랜만에 만난, 어설프게 변해버린 친구와 함께 목욕탕에 가 옷을 벗는다는 게 생뚱맞기는 했지만 거절하기도 뭣했다. 친구의 얼굴은 늘 보는 사람 대하듯 그저 심상하기만 했다.

욕탕은 넓고 환했다. 수면 위로 수증기가 봄날의 아지랑이처럼 스멀스멀 피어올랐다. 나에게 등을 내어맡긴 채 친구가 지난일들을 주섬주섬 이야기했다. 선친은 집 나간 지 4년 만에 객사하여 한 줌 재로 돌아왔다고 했다. 남의 이야기하듯 친구의 얼굴은 감정 없이 덤덤했다. 오른쪽 늑골 아래에도 친구는 깊은 상처를 가지고 있었다. 월남에서의 전투 중 부비트랩이 터져 그 파편을 맞아 생긴 상처라고 했다. 그런 몸으로 살아오는 동안 받았을 욕됨, 곤고했을 한생을 나는 그저 측은하게 유추할 뿐이었다.

볼품없이 마른, 상처뿐인 온몸을 벗고 이웃들과 함께 탕에 들어오기까지 그는 얼마나 많은 날들을 망설였을까. 하지만 이제 그는 그 모두를 벗고 남들 앞에 자기의 나신을 가림 없이 태연하게 내보이고 있었다. 체념도 용기도 염치없음도 아니었다. 무심한 듯 친구는 편안해 보였다. 이야기 중에도 그는 남은 한쪽 팔로 자기의 아랫도리와 허벅지를 열심히 닦아 내려갔다.

기쁠 것도 슬플 것도 없는 허기평심虛氣平心의 담담한 자세로 빈 하늘을 향해 마른 가지를 뻗고 선 한 그루 느티나무, 친구는 표정을 읽기 어려운 무념한 얼굴을 하고 있었다.

목욕을 마치고 돌아와 집 안으로 들어서면서 나는 과수원을 한 바퀴 휘둘러보았다. 과수원 끝 산비탈 아래에 마른 잔디가 잘 다듬어진 봉분 두 개가 겨울 햇살을 받으며 나란히 누워 있었다. 그 밑으로 하나가 더 있었다. 멀리 산마루를 쳐다보며 친구가 말했다.

"응, 부모님 묘야. 그 아래 있는 건 오래전에 곁을 떠난 집사람 거지. 쟤가 두 살 때 일이네. 그래도 젖을 뗀 뒤라 얼마나 다행이었는지 몰라. 고맙지 뭔가."

신과 대지 앞에서, 인간이란 어쩌면 희로애락과 오욕칠정에 정신없이 휘둘리다 떠나는 별로 뽐낼 것도 없는, 저도 누구인지를 모르고 가는 어리석은 인연은 아닐까. 드물게는 어느 순간 그러한 자신을 발견하고 조금은 겸허해지기는 하면서도 그래도 쉽게 떨쳐버리지 못하는 속정俗情에 매어 한생을 살고 가는 인생이란 업. 세심천의 물로 닦아낼 만한 더러움이, 인과의 찌꺼기가 이들 부자의 가슴에는 아직도 남아 있을까. '기왕이면 다홍치마'란 말을 저항 없이 받아들인 그 결과가 이렇듯 짓궂은 인연으로 이어져 온 걸 안다면 무덤 속 묻힌 그의 선친은 얼마만큼한 회한에 몸을 뒤척일 건지.

느티나무를 올려다봤다. 이파리 모두 떨어내고 빈 가지로 선 겨울나무, 무성했던 여름의 현란한 영광도, 햇살 화려한 기쁨도 모두 떠나보내고 해 설피는 산자락 아래 홀로 선 나무가 가지 끝에 휘감기는 바람을 허청허청 덜어내고 있었다. 빈 하늘을 가로질러온 가랑잎 하나가 내려앉을 듯 바람에 불려 멀리 들녘으로 날아갔다.

방학동 은행나무

　나무도 나이가 들면 주름이 깊다. 방학동 은행나무. 수령 팔백사오십 년, 키 24m, 둘레 여섯 아름 반의 커다랗게 구새먹은 거목. 사방으로 뻗은 가지들이 둥그스름 부드러워 모진 데가 없다. 우람한 둥치 깊게 패인 골을 따라 빗물이 흐른다. 스승을 떠올리게 하는 노목, 나무 앞에 선다.
　낮은 목책으로 둘려진 나무는 아파트단지 동북쪽 경계에 홀로 덩그렇게 서서 길을 사이에 두고 건너 연산군 묘를 더덜뭇 비껴보고 있다.
　공교롭게도 나는 스승이 돌아가시던 해 이곳으로 이사해 처음 이 나무를 봤다. 첫 대면에서부터 나는 나무에 빠져들고, 나무의 모습에서 스승의 뜻을 찾아 되새기는 버릇을 갖게 됐다.
　고故 장기려(1911~1995) 교수, 관후한 의료와 겸허한 봉사로 일생을 산 의사. 본과 시절이래 의사의 표상으로 가슴 깊이 지녀 오는 스승을 회억한다.

목책에 접한 단지 경계에는 반 길 높이로 돌 축대를 쌓고 그 위에 키 낮은 쥐똥나무를 심어 울타리를 했다. 안쪽에 벤치 두 개, 앉아 나무를 감상하기 딱 알맞은 높이. 날씨가 따뜻해지면서 벤치에 나앉는 아침이 부쩍 더 많아졌다.

세 동이 절ㅁ자형으로 앉은 작은 단지, 서쪽 담장에 면해 펼쳐진 두 정보의 너른 밭이 야트막한 동산으로 안침하게 둘려지고 그 너머 북한산의 세 거봉이 먼 듯 가깝다.

바람 소리 새소리가 일상적인 곳. 석양녘의 하늘빛이 아득한 곳. 는개라도 오는 아침이면 진경산수眞景山水 화폭 속을 만보하듯 망연해지고 마는 한갓진 산 밑 동네. 봄빛 흐드러진 시야가 온통 푸르러 선연하다.

희읍스름 주름 깊은 등걸 군데군데 수액 병을 매달고 힘겹게 겨울을 난 나무가 연이틀 내린 봄비로 기색이 달라졌다. 거무스름 생기가 돌더니 기지개를 켜듯 푸릇푸릇 여린 잎을 피워낸다. 집 앞 서향바지로 선 대추나무처럼 고집스레 잎을 틔우지 않던 나무도 봄 햇살은 차마 내치지 못하는 정의情誼였던 듯. 하기야 생명 있는 것치고 부드러움을 거부할 자 감히 뉘 있으랴.

등치 다르게 나무는 잎이 작다. 10년생 20년생의 어린 나무들보다 잎의 크기가 훨씬 더 자잘하다. 성긴 가지 높직이 달려

올려보기 먼 때문만은 분명 아닌 듯, 아무래도 뿌리로 흡수하는 자양분이 전 같지 않으니 잎을 통한 수분의 손실도 보다 적어야 한다는 이치에 순응하는 듯 여겨진다.

나무는 더 이상 열매도 맺지 않는다. 둥근 모양새로 보아 암나무가 분명하련만 내 이곳에 온이래 단 한 차례도 열매 맺은 가을이 없다. 이미 노쇠하였으니 당연하다 여기면서도 어쩌면 연산군의 일생을, 왕실과 개인의 흥망성쇠를, 인간의 영달과 욕망의 헛됨을 곁에 서 바라보며, 자손을 남기겠다는 원초적 의지마저 '부질없다.' 버린 건 아닐까 어지빠른 추측을 한다. 나이 들면 나무도 사람처럼 성별도 없어지고 욕심도 엷어지는가.

산 자와 죽은 자와의 사이에 팔백여 년을 서서, 한과 허망을 질리도록 겪어 오면서, 해마다 남김없이 벌거벗겨지면서 얻게 된 진정한 겸허를, 모든 세상적 욕망을 초월하면서도 원초적 생명 의지만은 굳건히 지녀 결코 소홀히하지 않는 나무에서 나는 삶의 엄숙한 의지를 본다.

그는 단지 하늘에다만 고개를 숙인다. 기세등등한 앞산에도 허리를 굽히지 않는다. 허공을 차지하는 것도 자기를 나타내는 것도 되도록 적게 하려는 듯 보이는 나무, 하늘을 우러러 한 점 부끄러움 없이 팔백여 년을 살아 당당할 법도 하련만 더 자라기를 마다하고 하늘에 순명해 머리도 높게 치세우지 않는다.

자신이 잘났다고 뽐내던 날이 왜 없었으랴. 열매를 많이 맺었다고 으스대던 날이 한두 해일까. 그러나 그는 지금 비쳐드는 햇살을 그 자체로 고마워하고, 시커멓게 구새먹은 둥치에 꽂아주는 수액을 감사히 받고, 아직도 늙은 뿌리로 수분과 자양분을 섭취할 수 있음을 스스로 대견해한다. 가지 사이로 맴돌아 드는 바람을 즐겨 보듬고, 까치가 가지 끝에 둥지 트는 것을 너그럽게 허락한다. 모진 겨울바람이 등줄기를 할퀴고 내닫는 것을 나무라지 않는다.

더 이상 열매를 맺지 못하는 나무, 더 이상 잎을 크게 피우지 못하는 나무, 더 이상 높게 자라지 못하는 스스로의 한계를 알고 그 한계 안에서 자족을 체득한 나무에서 나는 스승을 읽는다.

1950년 10월, 부지불식간에 아내와 다섯 남매를 북에 남겨두고 남하하여 45년이란 긴 세월을 홀로 지내며 약속의 소중함을, 남자에게도 절의가 있음을 엄하게 보여주고 가신 의인義人. 대학병원의 교수직을 마다하고 부산으로 내려가 우리나라 최초의 의료보험인 '청십자 의료보험조합'을 탄생시킨 선각자. 가난한 이들을 위해 설립 운영하던 무료병원 '복음병원'을 조합 산하 '청십자의료원'으로 키워 봉사의 외길을 걸으신 참 의사. 우리나라에서는 처음으로 간肝의 대량 절제수술을 성공리에 집도한 외과의. 입원해 치료받던 춘원이 "당신은 성자가 아니면 바보."라고 감동했던 어진 의사. 영면할 묘지조차 마련하지 않았을 정도로 모두를 내어주고 간 진정한 무소유.
 습습하게 바람 불어드는 벤치에 앉아 나무를 바라보며 나는 이 아침, 봉사하는 참 의사로 의롭게 살다 간 스승의 겸허한 덕을 새롭게 되새김한다.

2009년 9월

쇠뿔 값

"소 잡으러 갑세."

"? …."

아침 산행길에 만난 남 교수, 거두절미하고 인사 겸 내뱉는 첫마디가 그답게 엉뚱하다. 한평생 소 잡는 일을 직업으로 해 온 사람처럼 말투마저 투박하다. 얼마 전에도 캠퍼스 내에서 마주친 동료 여교수에게 "바람피우러 갑시다." 라고 말했다가 황당했던 그녀가 교수회의 석상에서 공개하는 바람에 성희롱으로 몰려 한바탕 곤욕을 치르고도, 말버릇은 여전히 어리칙칙하여 매양 엉뚱하다. 왜 그런 몰상식하고 무례한 말을 했냐니깐 해명이 더한층 가관이다.

바람 쐬러 가자는 거나 피우러 가자는 거나 다 한가지로 산책하자는 뜻이요, 산책하면서 사색하고 토론하는 것이 학문

하는 사람들의 할 일인데 무엇이 잘못이냐 오히려 반문이다.

독일에서 공부하다 늦게 귀국하여 교단에 선 지 이제 10년, 철학과 남 교수의 언행은 때로 종잡기가 힘들다. 방학 때면 그 도가 더해 집에 있는가 찾으면 엉뚱하게도 땅끝 마을 파계승의 오두막에 내려가 밭을 갈거나, 아니면 훌쩍 유럽으로 날아가 그곳 대학의 도서관에 앉아 있다가 개강이 되어야만 겨우 얼굴을 내보이고는 한다.

엉뚱한 제안에 어리둥절 바라보는 나에게 교수가 해명한다. 같은 철학과 교수로 Y대에 출강하는 이강수 선생의 고향이 전라북도 장수라는 것, 일가친척이 집성촌을 이루어 사는 그곳에 정년퇴임하면 가서 살기로 한 옛집이 빈 채로 그냥 남아 있다는 것, 요즘 도시의 정육점 고기는 대부분 인공사료로 키운 것뿐이라 같은 고기라 해도 맛이 별로라는 것, 광우병도 겁나고 국적도 모호한 데다 심지어 채유가 끝난 늙은 젖소고기까지 유통되는 판이라 믿기가 힘들다는 것. 옛날 먹던 고기 맛이 그리워 이 교수 고향 농가에 부탁해 암소 한 마리를 키우도록 한 지 1년이 넘어 이제 잡아도 좋을 만큼 성우가 됐다는 것과 콩대와 볏짚, 풀 등 자연산 여물로만 키워 제맛이 날 것이라는 것 등을 자세자세 설명했다. 강의와 기말시험이 끝나는 11월 하순쯤 날을 잡아 열 집이 가기로 했으니 한 구좌를 들어 함께 가자고 솔깃하게 권유한다.

전주의 코아 호텔 커피숍에는 정오에 만나기로 약조한 대로 이 교수와 다른 일행이 벌써 도착해 있었다. 회장으로 있는 노·장老子.莊子학회의 세미나가 강릉에서 있었던 때문에 그를 주재하고 새벽차로 오게 된 이 교수가 피곤하다고는 하면서도 좌장답게 밝고 온화한 웃음으로 일행을 반긴다. 이 교수뿐 아니라 K대에 몸담고 있는 다른 일행 모두 나와는 금시 초면이었지만 몸에 밴 예의와 서로에 대한 배려로 거북스럽지도 어색하지도 않았다. 편안했다.

연락이 이미 되어 있었음인지 점심을 마친 일행이 시골 이 교수의 집에 도착했을 때는 벌써 소 잡는 일은 한창 진행 중에 있었다. 멍석과 비닐이 깔린 넓은 타작마당에서는 누런 소 한 마리가 서너 사람의 인부에 의해 몰골사납게 해체되고 있었다. 드러난 내장, 푸들거리는 가슴살, 나뒹구는 머리, 잘려나간 사지. 처음 보는 광경에 신기할 법도 했지만 단 한 번 쳐다보는 걸로 섬뜩해져 급히 고개를 외로 꼬고 말았다. 다시 쳐다보기에는 가슴이 주체 못 하게 후들거렸다. 현장을 피해 나와 집 안팎을 둘러봤다.

주인을 잃고 오래 비어 있으면서 제풀에 헐려가는 집, 기울어 쓰러진 울타리, 뒷마당은 물론 집 안팎 어디라 할 것 없이 잡초가 제멋대로 엉클어 자라 스산하기 짝이 없었다.

군불을 지펴 바닥이 따끈해진 건넛방에는 중학생 때의 이 교수댁 가족사진 액자가 세월을 거슬러 아직도 벽에 걸려 있었고, 두 형제가 쓰던 앉은뱅이책상도 윗목에 먼지를 뒤집어 쓴 채 예전 모습 그대로 놓여 있었다. 방에 딸린 부엌 아궁이에는 장작불이 기세 좋게 활활 타고, 부뚜막 가마솥에는 물이 펄펄 쉰 소리를 내며 끓었다. 부엌으로 들어가 아궁이 앞에 앉았다.

남 교수, 불현듯 시골 고향 집이 그리워진 걸까. 뒤를 따라 들어와 곁에 앉는다. 말없이 앉아 물끄러미 불꽃을 바라보던 교수가 한참 만에 혼잣말이듯 어눌하게 입을 연다.

"쇠뿔 값은 얼마나 될까?"

"?"

"인도 신화에 이런 게 있지, 들어 본 적이 있으신가? 아니면 내 이야기함세." 내 표정에서 모르는 걸 확인한 교수가 느릿느릿 이야기를 시작했다.

만년설이 쌓인 히말라야 산중을 진리를 찾아 방랑하는 한 수행자가 있었더란다. 수행자의 생각은 단 하나, '왜 사람들에게는 욕심이란 게 있을까?', '사람들이 서로 헐뜯지 않고 잘 지낼 수는 없을까?'

깊이 생각하며 진리를 얻으려 했지. 산에 들어올 때부터 모든 살아 있는 생명을 돌보는 자비로움으로 살겠다고 다짐한 수행자는 세월이 갈수록 점점 더 나무토막이나 돌처럼 변해갔고, 산새들도 스스럼없이 어깨나 팔에 무시로 내려앉고는 했더란다.

그러던 어느 날, 까치 한 마리가 피를 흘리며 수행자가 앉아 있는 바위에 다급하게 도망쳐왔다. 가엾이 여긴 수행자가 품속에 넣어 숨겨준 건 당연하달밖에. 곧이어 뒤쫓아온 매 한 마리가 화를 내며 당당하게 소리쳤다.

"그 까치는 저의 오늘 먹이입니다."

수행자는 고개를 가로저으며 매를 타일렀지.

"남을 해쳐서 네가 살려고 하는 건 잘못된 짓이야. 너는 이 작은 까치가 불쌍하지도 않으냐?"

하지만 굶주린 매는 더욱더 화난 목소리로 이렇게 말했지.

"저는 살아 있는 짐승을 날카로운 발톱으로 움켜잡아 찢어 먹어야 하는 매입니다. 태어나길 그렇게 태어났고 살아남으려면 앞으로도 그렇게 해야 합니다. 수행자님, 까치의 생명은 중하고 제 생명은 소중하지 않다는 말씀입니까?"

할 말을 잃은 수행자, 하지만 까치를 그대로 내어줄 수는 없었지. 한참을 생각하던 수행자는 굳은 결심을 하고 매에게 이렇게 말했다네.

"그럼 그 까치 무게만큼 날고기를 주마. 그러면 되겠지?"

그 말을 듣고서야 매는 분을 가라앉히고 고개를 끄덕였네. 수행자는 자기 허벅지살을 한 덩어리 도려내어 저울에 올려놓았지. 그러나 저울은 까치 쪽으로만 기울 뿐, 수행자는 모진 아픔을 참고 조금 더 도려내어 저울에 올려놓았네. 하지만 아무리 살을 도려내어 올려놓고 또 올려놓아도 까치보다 여전히 가볍지 뭔가. 수행자는 몸을 더 떼어내어 올려보다가 마침내는 자기 스스로 저울에 올라섰지. 그제야 비로소 저울은 수평이 되지 않았겠나.

"저 작은 까치의 무게가 내 몸 전체의 무게와 같다니, 이 저울이 뭔가 잘못된 게야."

"그렇다면 제가 저 까치를 잡아먹고 말까요?"

"아니야, 까치를 살려 주겠다는 약속은 지켜야지. 내 몸으로 자네의 배고픔을 달래도록 하게나."

그러자 그토록 화를 내고 당당하게 굴던 매는 온데간데없이 찬란한 빛을 내뿜는 인드라 신(하늘의 신들을 거느리는 왕)이 자애로운 미소를 띠며 공중에 서 있었다네.

어느샌가, 여기저기 살을 도려내어 피가 철철 흐르고 팔다리를 끊어내어 참혹하던 수행자의 몸도 말짱하게 나아 있었지.

말을 마친 남 교수는 아궁이 밖으로 타 나온 장작을 뒤집어 밀어 넣으면서 버릇대로 또 철학자다운 혼자 물음을 한다.

"소의 생명과 사람의 목숨 값은 어떻게 다를까?"

바싹 마른 소나무 장작 갈라진 틈새를 타고 빨간 불꽃이 마치 뱀의 혓바닥처럼 날름거리며 기어오르듯 피어올랐다.

그날 밤은 예정에 없이 백양사 아래 한 호텔에 묵었다. 아침에 일어났을 때 밖에는 첫눈이 내려 있었다. 소리 한 점 없는 하얀 천지가 그지없이 고요했다.

커튼을 활짝 젖히다 모서리 쪽 벽지에 죽은 모기 한 마리가 바싹 마른 채 검불처럼 붙어 있는 게 보였다. 지난여름, 호되게 손바닥 세례를 받았는지 곁에는 희미하게 핏자국마저 남아 있었다.

문득, 달여 전 화장실에 숨어들어와 찌익 찍 울던 귀뚜라미 생각이 났다. 벽과 바닥 사이 물 흐름 틈새에서 더듬이질하고 있던 어린 녀석을 겨냥해 나는 망설임 하나 없이 에프킬라를 뿌려대 숨을 끊었었다.

왜 그런 모진 짓을 했을까. 모기야 백해무익한 해충이니 죽여 마땅하다지만 귀뚜라미는 댓돌 아래 울어 시감詩感을 자아내는 정물情物인 걸 왜 죽였을까.

사람과 소의 생명 값, 귀뚜라미와 모기에게도 생명의 값이 있을까. 있다면 그 값은 얼마일까. 같을까 다를까.

가벼운 노크 소리에 이어 남 교수가 방으로 들어왔다.

"소 잡는 거 처음 보셨겠지?"

"그래요. 두 번 다시 볼 건 아닙디다."

고개를 끄덕이며 교수가 부연한다.

"어제, 소의 반쯤 감긴 눈을 보셨는지 모르겠구려. 노루의 눈보다도 틀림없이 더 선했을 눈이 얼마나 두렵고 슬펐을까 생각하니 우리가 직접 죽인 건 아니지만 참으로 못할 짓을 한 건 아닌가 후회가 됩디다. 내 입 호사하려고 남의 생명을 해치다니, 그깟 먹는 게 대체 뭐라고 이런 짓거리를 했나 싶어 잠자리마저 사나웠다오. 얼마 전까지만 해도 소는 사람을 위해 일하는 걸로 일생을 보내고, 죽어서도 머리끝에서부터 발굽까지

단 한 군데 버려지는 곳 없이 쓰임이 되었다지요. 예로부터 여러 사람에 의해 칭송되어온 덕목이 아닙니까.

사람은 어떨까. 부모를 비롯하여 생명을 받아 태어나서도 오랜 기간을 키움 받고, 많은 이의 덕으로 자라서 어른이 된 터에 사회와 부모에게 얼마만큼이나 보답을 하고 고마워하며 살까. 나는 소를 볼 때마다 사람들은 좀 더 자신을 돌아보고 뉘우치며 이타적利他的이 되어야 한다고 생각할 때가 많아요. 이번 여행은 평소 철학한다고, 교수합네 하고 오만해진 저간의 우리 모습을 제대로 반성해보는 계기가 될 법도 하군요. 돌아가면, 가서 고기를 먹으면서는 더들 겸손해지리라고 봅니다. 오형도 같은 느낌이 아닐까 짐작은 됩니다만."

한숨과는 다른 깊은 호흡으로 대답을 대신했다. 창밖 멀리 산 쪽에서 사람 그림자 하나가 시야에 든다. 새벽잠이 없다는 류 교수, 언제 절에는 올라갔었는지 깨우친 스님 걸음으로 눈 쌓인 산길을 휘적휘적 내려오고 있었다.

난향蘭香

 늦가을 아침나절, 일본 문화원에 들러 빌려 본 책을 돌려주고 나와 서점으로 가는 길에 운현궁 문전을 지나게 됐다. 문 앞 채 못 미처, 때 아닌 꽃향기에 문득 걸음이 드뎌졌다. 열려진 궁문 안으로부터 은은한 향 줄기가 섬섬히 흘러나와 코끝에 감겼다. 난향이었다. 마침 '서울 란 회蘭會'의 스무 돌 전시회가 궁 안에서 한창 열리고 있었다. 전혀 예상 못한 뜻밖의 만남이었다. 주저 없이 문 안으로 들어섰다.
 정갈하게 소쇄된 마당에는 짙고 옅은 난향이 바람에 무늬들 듯 난감하게 어우러져 궁 안 곳곳으로 흘러넘치고 있었다. 은근하게 내리는 는개 같은 가을비에 함초롬 젖은 향이 경내를 한껏 고즈넉하게 했다.
 한란寒蘭을 비롯해 춘란 풍란 혜란, 백서른세 개의 난 분盆이

궁 안 온 곳에 가득 전시되고 있었다. 몸채인 노락당에는 품격 높은 한란을, 노안당에는 춘란과 풍란을, 안채인 이노당에는 특별히 격조 있는 한란 두 분을 놓아 주인 부대부인府大夫人의 아향을 돋우어 나타냈다. 청향에 더하여 자태마저 고고한 일경일화一莖一花의 춘란은 그 출처를 구분하여 한국, 일본, 중국 한란으로 각기 이름을 달리해 전시했다.

별채인 행랑채의 쪽마루와 그 안에는 무늬가 다양하고 화려하여 그 엽예葉藝를 즐기는 혜란을 따로 한 무리 전시해 격의 균형을 취했다. 마루 한쪽에는 방금 꽃잎을 틔운 소심란 한 분이 새침하게 자리 잡고 앉아 언저리로 맑은 향을 알브스름 퍼뜨리고 있었다.

한옥의 운치는 그 여유와 멋스러움이 시시로 다르고 조석으로 새롭다. 절기 따라 다르고 우설雨雪 따라 다르다. 낮밤에 따라도 그 풍류가 만색으로 각각이다. 사저가 그러한대 하물며 궁이야 말하여 무엇하랴. 난향 어우른 추색 짙은 운현궁, 어슬한 대청에서는 방금 추란秋蘭을 엮어 허리에 찬 (紉秋蘭以爲佩, 屈平, 離騷) 대원군이 도포 자락 여미 잡으며 섬돌 아래로 내려설 듯 청려한 고풍이 예나 다름없이 그대로다.

달포 전, 철학과 남 교수의 사랑방에 들렀을 때 있었던 풍정 한 토막. -

수인사가 끝나기 무섭게 교수가 인사동에서 구했다며 대뜸 5,6호 크기의 표구된 난 한 폭을 내보인다. 대원군이 말년에 친

진품이라며 오랜 지면의 고화점 주인이 소장하기를 권해 가지고 왔다 밝히면서도 미덥기가 덜한지 고개를 갸웃하여 내 눈치를 살핀다. 그림에 눈을 준 채 핀잔이듯 한마디 했다.
 "영인본이면 어때서? 걸어놓고 보는 거야 다 마찬가진데…."
 "그래도-."
 대꾸가 찜찜하다.
 "왜 갑자기 투자라도 하고픈 생각이 난 거요?"
 고깝게 들을 만도 한데 역시 선비다.
 "그게 아닐세. 향기는 진품이라야만 나거든."
 한결 위다. 언행을 사려 향 그윽하기로 난蘭만 한 이 또 있을까. 옛사람은 난을 '오로지 내면의 충실을 꾀할 뿐, 마음이 밖으로 나가지 않는' 군자의 지조라 하여 그를 귀애했다.
 난을 찾음은 고아한 격과 격에 어우르는 향을 찾음이다. 향은 또한 참이요 자연스러움이요 멋스러움이다. 난을 아끼는 이 숲에 들고 산을 찾는다. 나무와 바위, 산마루에 얹힌 구름과 하늘빛의 유자한 멋과 향을 찾아 산에 들고 숲을 찾는다. 개발이란 명목으로 깎여 허리를 드러낸 산, 인위적으로 비틀리고 가지를 쳐 자연스러움을 잃은 나무, 탐욕에 물든 사람에게는 활탈한 생감이 없다. 어둡다. 향이 없다. 다만 추한 속과 속되게 꾸며진 외양만이 있을 뿐.
 세월에 얹혀 흐르면서 가장 경계해야 할 일이 바로 향의 가심일 듯하다. 향이 가신 꽃은 외양뿐이요 사람 또한 굳음만이 있을 뿐이다. 굳음은 쇠함이요 죽음이다. 옛날 노자가 임종에 든 스승 상용商容을 찾아 마지막 가르침을 청했을 때, 그는 말없이 입을 벌려 '부드러움의 힘'을 가르쳤다. 딱딱한 이(치아)는 하나도 남아 있지 않은 입, 부드러운 혀와 입술은 끝까지 남아 주인의 몸을 살아 있게 한다는 귀한 가르침을 주고 떠났다.

향은 사랑이요 용서요 너그러움이다. 제자들의 발을 씻어주고 골고다 언덕 십자가에 못 박힌 예수가 남긴 것도 사랑이요 품음이다. 바로 향이다.

입적하여 이레 동안 불이 붙지 않던 다비장, 제자 가섭이 오고서야 관에서 한쪽 발을 내어 반가운 인사를 한 뒤 평허平虛히 이승을 떠난 석가. 그 또한 그러하지 아니한가. 생로병사, 그 윤회의 고해에서 인간을 깨우쳐 함께 해탈하고자 한 부처의 원 또한 자비의 향이다.

공자가 깨우치기 쉽지 않은, 실천하기는 더욱 어려운 그 많은 미언微言을 하시고도 여전히 널리 추앙받음도 그의 겸허한 예와 어진 덕의 향 때문이 아니겠는가. 제자 증자가 스승께 도를 묻자 하신 말씀도 이에서 전혀 다르지가 않다.

- 나의 도는 하나로 꿰어 있다, 다만 충서일 따름이다.

我道也 一以貫之, 忠恕而已矣.

수고하여 한생을 산 이로 향 한 자락 지니지 아니한다면 어찌 그 삶이 의미 있다 이르랴. 내 여생의 하루하루도 이같이 향으로 한결같기를 추수追隨하며 비 머춤해진 궁을 나서 통문관으로 향했다.

인연

연세가 얼마쯤일까.

인사동 끝머리, 종로경찰서 쪽으로 돌아서는 모퉁이에 앉아 쉬고 있는 여스님을 보자 불현듯 나이가 궁금해졌다. 등이 꼬부장하게 굽은 회색 승복의 이승尼僧, 세수 90은 족히 넘겼을 성싶은 스님 곁에 앉으며 우선 여쭸다.

"어느 절에 계셔요?"

숙이고 있던 얼굴을 천천히 들어 올려 흘낏 날 칩떠보며 스님이 건듯 답한다. "내 절에 있지."

구순한 인상 달리 말씨가 꼴꼴하다.

내 절이라. 의아하여 그게 어디냐 재우쳐 묻는 내 질문엔 대꾸 없이 곁에 놓인 바랑에서 부스럭부스럭 종이 한 장을 꺼내 건넨다. 당신이 직접 그려 프린트한 거라는 A4 용지, 해가 그려지고 용이 날고 용 등에 토끼가 올라타고 거북이 있고 연꽃이 피어 있다. 밑에는 주소와 전화번호가 적혀 있다. 사주나 관상을 보는 분인가? 고개를 돌려 다시 나를 보더니 홀연 묻는다.

"띠가 어찌 되시는가."

"?"

"뭔 띠냐고."

"아, 네. 호적은 기묘지만 원래는 병자생 계유월입지요."

장난기가 발동해 대충 둘러댔다. 생일 생시까지 묻고 나서 바로 말씀한다. "힘들었겠네."

"뭐가요, 왜요?"

"사주엔 문곡성文曲星이 있어 글을 써야 하는데 관상을 보아 하니 칼 쓰는 직업으로 살았을 것 같아 그래. 게다가 양차살陽差殺까지 끼어 있으니 그렇지."

"어떻게 알아요, 사주가 그래요?"

"사주가 그렇게 나와. 직업이고 사람이고 모두가 다 인연이야. 인연을 따라야 세상살이가 순탄한 법이지."

저런, 이렇게 유식한 분인 줄 알았으면 제대로 댈 걸. 참 잘못했다. 아쉬워하는 내 표정 따윈 아랑곳없이 스님이 인연풀이를 이어간다. 부처님이 "옷깃만 스쳐도…."하며 인연을 우선하여 말씀하신 건 만나고 마주치는 세상 만물, 만사가 다 그냥 생겨나고 이루어지는 게 아니란 걸 강조하신 거란다. 생물이고 무생

물이고 할 것 없이 세상 사물이 이리저리 연결되어 모두가 하나라는 뜻이요 남이 아니라는 뜻이니 직업도 사람도 서로 돌보고 아껴야 한다며 자비의 당위성을 푼다.

남이 반드시 남이 아니기에 험한 짓 하지 말고 어렵고 힘든 이웃 외면하지 말고 품어야 한다며, 좋은 인연도 나쁜 인연도 아픈 인연도 다 인연이니 만나는 모든 인연을 소홀히 하지 말아야 한다고 말씀한다.

내생에 바른 인연 찾아 살고 싶으면 지금 인연들을 잘 챙겨야 한다는 말을 남기며 일어서는 여스님, 앉은키나 선 키나 별반 다르지가 않다. 돌아서는 노승의 굽은 등을 보면서 나는 문득 근자에 나를 우울하게 한 불쾌한 인연 하나를 떠올린다. 벤처기업가 C.

10년 연하인 C를 나는 지역 테니스 모임에서 처음 만났다. 근 20년이 됐다. 하지만 공이 뜻대로 맞지 않을 때마다 내뱉는 듣기 역한 막말과 별나게 승부에 집착하는 게 부담스러워 될수록 그와 한조로 플레이하는 걸 피할 정도로 가깝게 지내지는 않았다. 그런 그가 두어 해 전부터 수필을 쓰고 발표도 하는 게 반가워 시내에 나갔던 길에 일부러 그의 사무실을 찾았었다. 따라 들어간 그의 집무실 벽, 거기엔 그의 사업체가 속한 협회 기관지에 발표한 그 자신의 글들과 그곳에서 받은 상장과 수상 장면을 찍은 사진들이 빼곡히 전시되어 있었다. 마주 앉아 차를 마시며 그가 뜬금없이 물었다.

"선배님, 진짜 문학상을 받고 싶은데 어떻게 하면 되죠?"
" ? "
"글 쓰는 걸 직원들이 다 아는데 상을 좀 받아야 면이 설까 싶어서요."

아연했다. 수필도 그는 공명심으로 쓰는가. 하긴 상이란 누구나 받길 바라고 좋아하기는 하지만 그야말로 과시하기 위해 글을 쓰고 상을 타기 위해 글을 발표하는가 싶어 슬그머니 역정이 났다. 수필상隨筆賞은 인간상人間賞이라며 사람됨을 중시하는 수필, 어느 장르보다 더 엄격하게 작가정신이 요구되는 수필이 그에게는 이름을 얻는 수단일 뿐인가 싶어 속이 뒤틀렸다.

수필 쓰기는 인간이 되어가는 가장 바람직한 도정이요 그런 인간이 된 연후라야 제대로 된 수필이 쓰인다고 한다. 혹자는 수필 쓰기를 인간으로서 마땅히 하여야 할 도道 닦기라고까지 말한다. 문학으로서의 가치는 차치하고라도 수필상은 지극히 바람직하게 닦여진 인격人格에 주어져야 옳다고 평소 여겨오던 터였다. 무슨 이런 친구가 다 있나 싶어 그냥 일어나려다 그래도 이곳에선 윗사람인 그의 체면을 생각해 참고 앉아 차를 마저 마시고 나왔다.

공명심 가득한 후배, 여스님의 말씀을 되새겨도 여전히 그가 싫었다. 밉고 역겨운 인연이었다. 하지만, 미운 인연도 인연이라는 말씀이 새삼 나를 돌아보게 했다. 나라고 달랐던가.

유명 일간지에 글이 실리자 그걸 오려 붙이는 아내를 나무라지 않았고, 문학상 수상 사진들을 액자에 넣어 거실에 거는 걸 그대로 눈감은 나는 C와 무엇이 다른가. 책을 출간할 때마다 수상 경력을 자랑스럽게 나열해놓던 건 또 어떻고 -. 지금도 수상에 대한 자부심은 여전하지 않은가. 나도 C와 오십 보백 보로 별다를 게 없었다.

걷는 듯 마는 듯 조촘조촘 멀어져가는 스님을 바라보며 앞으로 보다 넉넉한 가슴으로, 어련무던 어울려 살아야겠다고 마음을 먹어보지만 그래도 선뜻 그를 품지는 못할 것 같다. 다만 마음의 평온을 위해서라도 미움만은 거둬야 하지 않을까 싶기는 하다.

수필을 쓰는 덕에 그나마 사람이 좀 된 듯싶은 내 경우에 비추어 C도 계속해서 수필을 쓰는 한 조만간 객기를 잠재우고 성숙한 인격을 갖출 것이고 감동 깊은 글도 다수 엮어낼 것이다. 그때쯤이면 나도 흔연히 그를 품을 것이고 그의 글에 박수를 보내게 될 것이다. 이런 것이 바로 다른 장르보다 탁월한 수필의 독보적 기능이 아니던가. 한유韓愈의 지명잠知名箴 한 구를 빌려 다시 스스로를 경계한다.

'내면이 부족하면 남이 알아주기를 조급해한다. 넉넉하여 여유가 있으면 소문이 널리 사방으로 퍼져나간다.'

아버지의 찔레꽃

2

유년의 바다
달빛
6월의 붉은 노래
만국기 소녀
아버지의 팡세
아버지의 찔레꽃

유년의 바다

나의 유년은 바다가 키웠다. 연이어 태어난 동생들에게 엄마의 품을 빼앗기고 울먹이던 나를 보듬고 잠재운 건 바다였다. 어머니의 뱃속 열 달 바다는 나를 자장가로 다독였다. 모래톱을 오르내리는 파도의 낮은 콧노래에 잠들고 바다와 더불어 꿈을 꾸며 자랐다. 바다는 나를 키운 품 너른 어머니였다.

어쩌다 가끔 먹는 엄마의 젖에서는 언제나 바다 냄새가 났다. 비릿한 젖을 삼키고 난 뒤 혀끝에 감돌던 들큼 찝찔한 맛, 바다에서 불어오는 해풍에서도 매양 젖 냄새가 짭조름하게 났다.

걸음마를 익히고 문밖을 나서 처음 마주한 세상도 바다였다. 바다 위에 빛나던 햇살이었고 수평선 가득 피어오르던 해무였다. 굼실대는 물결 위에 현란하게 빛나던 금린金鱗 무늬는 수평선 너머 미지의 세계로 이어지는 황홀한 다리였다. 엄마의 젖과 해풍과 금빛 물결과 파도, 수평선의 해무와 장엄한 일몰은 나의 유년을 키운 바다의 얼이고 진정이었다. 그리고 아버지.

물가를 무리 지어 헤엄치는 송사리를 막대로 튕겨내고 밴대미를 쫓고 게를 잡던 여름이 가고 나면 나는 바다를 가슴으로 맞았다. 둔덕에 턱을 고이고 바다를 향해 앉아 용광로의 시뻘건 쇳덩이 같은 해가 수평선으로 져 내리는 장엄한 정경에 넋을 빼앗기고, 곧잘 눈물을 흘렸다. 수평선 위에서 뒤웅박 같은 해가 점차 물속으로 녹아내리며 주위를 온통 핏빛으로 물들이고, 짙은 장밋빛 노을이 하늘 가득 피어나는 장관에 나는 언제나 숨이 멎었다. 그것은 바다의 무쌍한 변주곡이고 하루를 마감하는 대자연의 화려한 진혼곡이었다.

수평선 가득 피어오르는 해무는 끝 모를 그리움이었고 저문 바다 위 높게 포물선으로 나는 한 마리 갈매기는 까닭 모를 외로움이었다.

네 살 언저리에 벌써 나는 바다 아이가 됐다. 스물일곱 젊은 아버지의 강건한 어깨에 얹혀 들어간 물속에서 헤엄을 익히며 나는 바다의 거친 사내아이로 자랐다. 아버지의 어깨에서 파도 속으로 던져지기를 반복하면서, 짠 바닷물을 꼴깍꼴깍 두세 모금씩 삼키며 허위단심 아버지에게 다가가 허겁지겁 구릿빛 어깨에 기어오르면서 나는 헤엄을 익히고 바다를 배웠다. 겁에 질린 눈으로 원망스럽게 바라보는 나를 아버지는 다시 떼어내 더 멀리 파도 너머로 매몰차게 내던졌다.

  두 길 깊이의 바다는 아장거리며 달리던 갯벌과는 무섭게 달랐다. 고운 백사장 위에 사르륵 스르륵 여린 소리를 내며 남실대는 잔물결이 아닌, 검푸른 빛으로 출렁이는 두 길 바다는 음험하게 신비롭고 낯설고 두려웠다. 헤엄을 배운 뒤 나는 파도를 즐기며 바다와 하나가 되었다.

  고향 용당포, 해주만 안쪽 깊숙이 용당반도 끝에 숨듯 들어앉은 작은 어촌, 삼태기처럼 휘어져 들어간 포구에는 대부분이 함석지붕인 20호쯤 되는 집들이 바다를 향해 나부죽이 자리 잡고 있었다. 집들 앞으로 난 폭 5~6m의 길을 겸한 둔치 아래로 모래톱이 펼쳐지고, 모래톱 끝에서 바다가 파도소리를 냈다. 마을 앞 반 마장 설핏 넘는 바다 한가운데에 모란섬이 있었다. 인근에서는 마을을 '용대이'라고 불렀다.

  먼바다에서 불어오는 바람은 포구에 닿기 훨씬 전에 그 사나운 기세를 한껏 누그러뜨렸다. 거칠게 달려온 파도는 모란섬을 돌아 마을 앞에 오면 기운이 다한 눈까풀을 졸린 듯 내려감으며 낮게 코 고는 소리를 냈다. 썰물이 져나가고 나면 폭 3, 40m의 모래톱 끝으로 질퍽이는 개펄의 매끈둥한 검회색 모습이 널따랗게 드러났다.

  태풍이 오거나 장마철이 아니고는 바다는 거의 언제나 잔잔하고 친근했다. 햇살이 평화로운 한낮이면 바다는 양지바른 담벼락 아래 졸고 있는 게으른 고양이의 복실거리는 등덜미처럼, 가르랑가르랑 파도소리를 여리게 내거나 아니면 수평선 위로 뿌옇게 해무를 피워 올리는 걸로 심심한 낮 시간을 느즈러지게 보냈다.

눈부신 한낮의 태양이 이울고 서늘한 저녁 바람이 불어 들면 빈 듯 고즈넉하기만 하던 마을이 슬금슬금 깨어나 은밀하게 술렁였다. 기대와 긴장으로 야릇하게 들뜬 바람이 이집 저집에서 사람들을 불러냈다.

저녁 준비를 마친 마을 여자 어른들 모두 모래톱에 나와 배들을 마중했다. 노을 지는 수평선 멀리 바다의 아스라한 끝 희읍한 구름 사이에서 어선들은 두서너 개의 검은 점들로 나타나 조금씩 조금씩 몸집을 불려가며 포구를 향해 새끼 고래들처럼 다가왔다.

어른들은 떨어지는 해의 빛나는 눈부심과 노을을 마주해 서서 손 가리개 아래로 돛대에 매달린 깃발을 살폈다. 만선인가 아닌가를 색으로 가렸다. 여인들은 들어오는 배를 치마폭으로 맞았다.

조기 철이면 연평도에 나가 있던 배들이 예외 없이 만선으로 들어와 황금빛으로 번쩍번쩍 빛나는 누런 황새기(황석어)들을 모래밭 위에 가득 부려놓았다. 누런빛은 언제까지나 살아 펄떡거리는 황홀한 생명감으로 노을 지는 바다와 함께 한 폭 그림이 됐다.

때로 배들은 장어를 한가득 싣고 들어와 마을을 온통 시끌벅적 장바닥을 만들기도 했다. 그런 저녁이면 모래밭에선 늦게까지 떠들썩하게 동네잔치가 벌어졌다. 모래밭 여기저기에 풍로 불을 피워놓고 집집이 둘러앉아 장어를 구웠다.

맞바람에 부푼 돛폭만큼이나 배가 터지도록 먹고 나면 우리는 하나씩 둘씩 모래밭에 벌렁벌렁 드러누워 밤하늘을 올려다보며 별을 헤었다. 하늘 가득 떠 있는 별들이 쏟아질 듯 머리 위에 내려와 함께 웃으며 우리와 친구가 되었다.

"별 하나 나 하나 별 둘 나 둘, 별 셋…" 하나씩 하나씩 우리는 스르르 잠 속으로, 꿈속으로 빠져들었다. 사람들의 말소리도 파도소리도 별도 모두 아련하게 꿈으로 잦아들었다.

물이 빠져나간 모래밭에 우리는 작은 구덩이를 파고 하얗고 매끈매끈한 차돌멩이와 함께 깨진 사금파리를 몇 조각씩 쌓아놓아 '별집'을 만들었다. 갈색 병 쪼가리, 초록색, 남색-. 막내고모의 친구이던 동네 누나가 그렇게 하면 밤에 별들이 내려와 잠을 잔다고 했다. 하지만 아침에 나가 보면 그곳에 별은 없었다. 늦게 떠오른 해의 햇살만 눈부시게 빛났다. 누나는 우리가 늦잠꾸러기라서 별을 못 만났다고 했다. 별들은 사람들보다 아주 많이 부지런해서 새벽 일찍 일어나 하늘나라 자기들 집으로 돌아간다고 했다.

그 유년의 바다를 떠나오면서 나는 몽상을 그치고 세상을 배웠다. 그래도 가끔은 꿈을 꾼다. 해무 아련하게 피어나는 수평선의 그리움을, 만선기를 나부끼며 포구로 들어오는 조 깃배를, 저무는 바다 위를 포물선으로 나는 갈매기의 외로운 꿈을 꾼다.

달빛
-청계천, 1948년

　인왕산 자락에 자리 잡은 학교 아래 사직공원에는 벚나무가 많았다. 여름이면 무성한 잎들의 짙은 그늘로 인근에 사는 노인들이 모여 잡담을 하거나 장기를 두면서 쉬고, 버찌가 한창 까맣게 익는 철에는 황학정 활터패들은 물론 먼 동네 아이들까지 모두 몰려와 연일 버찌 쟁탈전을 벌였다.
　나의 매동초등학교 시절은 4학년 때 짝이 된 기민이와, 2학년 때 한반이던 금숙이만 빼면 모든 게 좋았다. 5월이면 산과 경계를 이루는 운동장 서쪽 울담 옆에 높게 자란 아까시 나무 흐드러지게 핀 꽃의 하얀 빛깔이 좋았고, 열린 교실 창문을 통해 싱그러운 향이 미어지게 몰려 들어오던 것이 좋았고, 입안에서 달착지근하게 씹히던 그 꽃맛이 좋았다. 운동장이 넓어 마음껏 공을 찰 수 있던 것이 좋았고, 술래잡기할 때에도 두 바퀴를 채 돌지를 못하고 숨이 턱에 차 그 자리에 멈춰 서서 서로 붙들어 잡고 깔깔대며 놀던 것은 또 그것대로 단조해서 좋았다.

태평양전쟁 말기와 8·15 광복으로 공부도 하는 둥 마는 둥 시골에서 1학년 한 학기만을 마치고 쉬다가 이듬해 봄 서울로 올라와 곧바로 2학년에 편입학했다. 다음날 첫 시간에 산수시험을 치렀다. 담임선생님은 큰어머니보다도 더 어른처럼 보였다. 웃지도 않으셨다. 수업시간 중 오줌이 마려워도 말도 꺼내지 못하게 무서웠다. 채점을 끝낸 선생님이 시험지를 들고 교탁 앞에 섰다.

"금숙이 너 2점이다. 이것도 점수니? 병아리보고 보래도 이보다는 낫겠다."

"집에선 공부를 못 해서 그래요."

뾰로통해진 금숙이가 당돌하게 대꾸했다.

"2점 받은 주제에 뭐가 잘났다고 말대꾸냐, 집에선 왜 공부를 못 하냐?"

"애 보느라고 그래요. 엄마가 또 동생을 낳았거든요."

할 말을 잃으셨는지 선생님은 팩하니 언성을 높여 금숙이를 불러낸다.

"앞으로 나와 무릎 꿇고 앉아!"

억울하다는 표정으로 금숙이가 찔끔거리며 앞으로 나간다.

"다음은…."
교실 안이 쥐죽은 듯 조용해지면서 숨소리 하나 들리지 않았다.
"흥, 세윤이 나와. 4점이다, 4점…. 부끄럽지도 않냐!"
금숙이 다음으로 재수 옴 붙게도 시골뜨기인 내 이름이 불렸다.
"나와! 나와서 금숙이 옆에 앉아 손들고 있어."
벌게진 얼굴을 푹 숙이고 금숙이 옆에 앉았다.
'무릎 꿇고 두 손 들어.'로 벌은 끝나지 않았다. 선생님은 무슨 생각을 하셨는지 잠시 뒤 둘 다 손을 내리게 하고는 무릎을 맞대어 바짝 다가앉게 했다. 남세스러워라! 그러더니 글쎄 서로 상대방의 귀를 잡게 하고는 '귀 잡고 뽀뽀'를 시키시는 게 아닌가!
그 뒤로 창피스럽기도 한데다 오기까지 나서 남보다 더 열심히 공부하게는 됐다. 그래도 졸업하는 날까지 두고두고 전교생에 회자하는 '신랑 각시'가 되어 놀림감이 되었던 건 어쩔 수가 없었다.
- 에이 참 그 기집애-
4학년 시작 첫날부터 기민이와는 티격태격 앙숙이 됐다. 우선 녀석에게서 풍기는 퀴퀴한 몸 냄새가 싫었다. 시궁창에서나 날 듯한 냄새였다. 도시락이라곤 싸오는 법이 없는 녀석이 점심시간이면 으레 그 구수한 대용식 빵을 으스대며 배급받는 것도 꼴 보기 싫었다. 여유가 좀 있는 집 아이들이 한 달치씩 미리 돈을 내고 먹는 걸 녀석이 무슨 수를 쓰는지 꼬박꼬박 타 먹었다. 콩자반뿐인 나의 도시락을 흘끔흘끔 곁눈질하며 먹어 보란 소리 한 마디 없이 게 눈 감추듯 후딱 먹어 버리는, 얄밉게 오물거리는 고놈의 얇은 입술은 더한층 밉살맞았다. 콩자반이나 깍두기뿐인 도시락 반찬에서 흘러나온 국물로 나의 교과서와 노트는 흉하게 얼룩지고 부풀어지기 일쑤였고, 녀석은 그런 나를 비웃으며 더러운 뭐나 보듯 눈살을 찌푸리며 고개를 외로 꼬고는 했다.

6월, 공원에는 벚나무마다 버찌가 잔뜩 열려 까맣게 익고 있었다. 수업이 끝나고 집으로 돌아오다 버찌를 따 먹으러 나무에 올라간 나를 발견한 녀석이 벗어놓은 하얀 내 운동화를 보더니 무슨 억하심정에서인지 냉큼 집어 들고는 그 길로 냅다 뛰어 멀리 도망을 쳐 버리고 만다. 그 바람에 서둘러 내려오다 마침 근처를 지나던 공원지기 아저씨한테 붙잡혀 공원 관리실로 끌려 들어가 손바닥을 여섯 대나 맞았다.

무릎을 꿇고 앉아 벌을 받고 있는데 갑자기 문이 열리면서 여자애 하나가 들어오다가 나를 보더니 멈칫 그 자리에 멈춰 선다. 창피해서 고개를 푹 숙였다. 여자애가 아저씨한테 말했다.

"아빠, 걔 우리 학교 애야. 그만 놔줘."

말소리에 놀라 후딱 얼굴을 들었다. 어렴풋하게 낯이 익은 여자애 하나가 내 운동화를 들고 문 앞에 서서 빤히 나를 내려다보고 있었다. 그제야 생각이 났다. 맙소사, 뜻밖에도 2학년 때 한반이던 바로 그 금숙이였다.

"어, 금숙이 왔구나. 느이 학교 애라구? 알겠다."

아저씨는 엄하던 얼굴을 풀고 나를 일어나게 했다.

"금숙이랑 같은 학교라니깐 그만 용서한다. 다신 나무에 올라가지 마라, 알겠냐? 가 봐라."

공원 입구에서 기민이한테 뺏어왔다며 금숙이가 신발을 건네줬다. 신을 신고 나오는 내 뒤통수에 대고 기집애가 생뚱맞게 말 한마디를 공깃돌 던지듯 탁 던졌다.

"너 요즘 산수시험 잘 보냐?"

다음날 나는 녀석에게 정식으로 결투 신청을 했다.

방과 후 집에 돌아와 숙제를 서둘러 마치고 저녁을 먹은 뒤, 나는 녀석과 결투하기로 약속한 광교 다리를 향해 발바닥에 힘을 실으며 육탄 십 용사(1949년 5월 4일 38선에 있었던 의로움)처럼 꺽세게 걸어갔다. 어둑어둑해지는 골목길을 나와 국제극장 앞을 지나칠 때쯤 주위가 갑자기 환해져 올려다보니 어느샌가 하늘에는 보름달이 둥실 떠올라 있었다.

다리 아래 물가에는 싸움하기 딱 좋은 공터가 여러 군데 있다고 했다. 달빛이 환한 다리 위에 녀석은 벌써 나와 있었다. 검정 보퉁이처럼 난간에 웅크려 기대선 녀석은 아래를 물끄러미 내려다보면서 내가 온 것 따위에는 조금치도 관심을 두지 않는 듯했다. 손가락 뼈마디 꺾는 소리를 우두둑 내고 주먹을 웅그려 쥐면서 목에다 힘을 넣어 으르렁거리듯 낮게 "나 왔다."고 해도, 녀석은 들은 척도 않고 계속 아래만 내려다보면서 돌아다보지도 않았다.

띄엄띄엄 다리 위로 사람들이 지나가면서 흘끔거리는 사이, 나는 녀석과 서너 발자국의 간격을 유지한 채 가만히 서서 녀석의 동태를 조심스럽게 살폈다. 한동안 을러봐도 녀석에게는 전혀 싸울 의사가 없어 보였다. 달빛 때문이었을까, 녀석과 한가지로 나 역시 어느샌가 전의를 상실하고 있었다. 긴장이 풀려 느슨해지자 나는 그러는 녀석이 무척이나 궁금해졌다. 결투 약속 따위는 애당초 있지도 않았던 것처럼, 아니면 화해라도 한 뒤인 것처럼 녀석의 옆구리로 슬그머니 다가섰다. 그러고는 녀석의 눈길을 따라 녀석처럼 몸을 기울여 아래를 내려다봤다.

다리 아래에는 가지나물 어슷 썰듯 저며진 달빛을 가볍게 튕겨내며 흐르는 검은 물과, 물 폭이 겨우 2~3m 정도일 얕은 물속에 둥글게 잠겨 일렁이는 보름달 외에는 보이는 거라곤 달리 아무것도 없었다.

"너 물속에 뜬 달을 몇 번이나 봤냐?"

뜻밖에 차분하고 따뜻한 녀석의 목소리에 나는 대답은커녕 입도 뗄 수가 없었다. 이 녀석이 정말 나와 오늘 저녁 싸우기로 한 기민이가 맞나.

"빨리 장마가 왔으면 좋겠다. 장마가 지면 물이 빠지기까지

인왕산에 가서 살게 되거든. 그땐 길 위까지 물이 차올라 함께 가는 집들이 많아. 산에 가면 그냥 산에서 살았으면 할 때가 종종 있어. 난 산이 참 좋다. 잔대도 캐 먹을 수 있고 다람쥐도 많고…. 요즘은 물이 줄어 냄새가 더 심해. 하기야 여기라고 다 나쁘기만 한 건 아냐. 낮에는 물이 시커멓고 더럽지만 밤에 달이 뜰 때 보면 저 물도 제법 그럴듯해 보이거든. 장마가 끝나고 돌아와 보면 물이 맑아져서 어떤 땐 버들치도 보인다구, 너 버들치가 뭔지 알아?"

장마가 끝난 무더운 여름날 수표교께 청계천 둑길을 지나다 보면 옷가지와 이불 홑청을 빨아 볕에 널어 말리는 아주머니들과 그 옆에서 뭔가를 잡기도 하고 물장구치며 노는 아이들을 자주 볼 수 있었다. 다리 밑 조금 컴컴한 곳에서는 벌거벗고 목욕하는 어른들도 심심치 않게 보고는 했다.

곁눈질로 슬쩍 나를 한 번 쳐다보더니 네까짓 게 뭘 알겠냐는 듯 대답도 기다리지 않고 하던 말을 계속했다.

"여긴 벨거 벨거 다 있다. 두꺼비도 있고 미꾸라지도 있고 지렁이도 무지무지 많다. 다음에 나랑 같이 낚시하러 한번 가자. 그래 낚시보다는 넉더듬이가 좋겠다. 장마가 끝나고 동대문 옆 오간수다리 아래 가면 붕어도 잡을 수 있고 어떤 땐 메기도 잡힌다구. 멀리 가지 않아도 돼. 얼게미 못 쓰는 거 하나만 가지고 가면 된다. 어때?"

"그럼 그 아래 동묘 앞에 있는 영미永尾 다리나 검정 다리(일명 검은 다리) 아래 가면 고기가 더 많이 있겠다?"

저만 다 아는 것처럼 말하는 게 아니꼬워서 나도 한 마디 아는 체 해봤다. 뜻밖이라는 듯 흘끔 나를 한 번 쳐다보더니 고개를 돌려 달빛이 들지 않아 더 껌껌해 보이는 다리 아래로 시선을 돌린다. 어두워진 제 표정을 털어내기라도 하려는 듯 머리를 세게 두어 번 흔들더니 다시 입을 연다.

"거긴 장마 때 말고는 물이 더러워서 고기가 없어."

모르면 구구루(국으로) 가만히나 있지 뭘 아는 체를 하냐는 듯 짤막하게 내뱉고는 잠깐 뜸을 들였다 다시 말을 잇는다.

"그럼 그 아래 살곶이 다리는 어떤데?" 나도 오기가 났다. 자존심 문제다.

너무 무시한 듯 말한 게 미안했던지 녀석의 말투가 조금 누그러진다.

"거기두 더럽긴 마찬가지야, 물두 더 적구."

그사이 훌쩍 높게 떠오른 달은 제기차기 동전만큼이나 작아져 있었다. 둑 위에 내리는 달빛도 푸르스름 기운을 잃어 주위가 저녁참보다 훨씬 더 어둑해 보였다.

"여기 사는 사람들 이래 보여도 알 건 다 안다, 너. 함부로 보면 안 돼. 애들이 깡통에 밥을 얻어 와도 왕초한테 먼저 바치고 왕초가 먹고 난 다음에야 지네들도 먹는다구. 알구 보면 다들 착한 애들이야. 너 거지라고 함부로 건드리지 마, 게네들 참 무섭다. 하나가 맞고 오면 모다들 몰려가서 반드시 복수하고

야 만다구. 의리가 대단한 애들이야. 너 김두한 알지? 깡패 오야붕 말야. 그 사람두 여기 출신이다. 여기 애들이 다 그 사람 꼬붕이야, 알겠냐?" 어깨를 한번 으쓱해 보이면서 녀석이 다짐까지 한다.

"그나저나 물고기가 좀 살았으면 좋겠다. 저번 날은 왜가리가 한 마리 날아와서 온종일 물가에 서 있다가 고기가 없으니깐 쫄쫄 굶고 그냥 날아가 버리고 말더라. 안됐더라구. 많이 날아오면 한 마리쯤은 잡아도 될 텐데…. 고무줄 새총으로도 잡을 수 있을 거야. 할아버지가 요즘 들어 기운을 잘 못 차리셔. 방울 빵 아주머니가 그러는데 고기를 먹으면 좀 괜찮아질 거라고 하면서 대신 미꾸라지라도 자주 좀 잡아다가 잡숫도록 해 드리래."

"니네 집이 어딘데?" 잠깐 녀석의 말이 끊어진 틈을 타서 나도 한 마디 궁금하던 걸 물어봤다.

"응, 저기 저 다리 아래 두 번째 집 보이지? 어, 마침 할아버지가 문을 열고 나오시네."

거적때기를 들치는 바람에 새어나온 불빛에 등이 구부정한 할아버지가 요강인 듯싶은 그릇을 들고 나오는 게 뚜렷이 보였다.

말 상대 한번 잘 만났다는 듯 녀석이 계속 말을 끌어간다.

"2학기에는 나도 공부를 좀 잘해야 할까 봐, 점심 빵 값을 대신 내 주시는 선생님한테 너무 미안해서 말야…."

달빛 푸른 개천 위로 초여름 밤바람이 시원하게 불어왔다. 응그려 쥐었던 나의 주먹은 어느샌가 풀렸고 둘의 어깨는 한 치의 틈도 없이 딱 붙어서 한 덩어리 두루뭉술한 검은 보퉁이가 되어 있었다. 기민이의 **빡빡** 깎은 짱구 머리에선 청계천 물속에 뜬 달빛냄새가 환하게 났다.

6월의 붉은 노래

 중학교에 입학해 채 한 달이 안 되어 6·25전란이 일어났다. 다음날부터 당장 학교에 못 가게 됐다. 며칠째 집에서 놀고 있자니 보통 좀이 쑤시는 게 아니었다. 하지만 멀리 나가기도 두려워 고작 동네 아래 형무소 앞 전차 종점에나 나가 놀다 바로 들어왔다. 잠깐 놀고는 일찍 들어와야 했다. 거리 풍경도 낯설게 바뀌었다. 크고 작게, 길고 짧게 붉은색깔이 늘어났다. 탱크의 푸른색이 거리를 점령했다. 인민군들의 사투리 외엔 말소리가 사라졌다. 탱크의 굉음이 소리들을 제압했다.
 누런 군복에 붉은 군장을 단 군인들이 둥그런 탄창이 달린 따발총을 메고 거리를 누볐다. 자전거를 타고 거리를 나다니는 사람들은 누구라 할 것 없이 핸들에 빨간 리본 같은 헝겊을 질끈 동여매고 다녔다.

보름쯤 지나, 3학년 선배가 집으로 나를 찾아왔다. 배울 게 많다며 학교에 나오라고 했다. 전혀 낯이 없는 선배였다. 하루를 망설인 끝에 다음날 아침 학교엘 갔다. 등교 시간이면 미어지던 교문, 들어서는 학생은 셀 수 있을 정도로 적었다.

교실에 들어섰다. 낯이 설었다. 곰팡이 냄새가 났다. 학급당 10여 명쯤씩 나왔다. 선배들이 반마다 돌아다니며 모두를 강당에 모이게 했다. 노래를 가르쳤다.

"높이 들어라 붉은 깃발을―.",
"장백산 줄기줄기 피어린―"

모처럼 나온 데다 오랜만에 배우는 새로운 노래라 신명나게 불렀다. 두 시간쯤 배웠다. 그런 뒤 모두 운동장에 집합해 구보로 수송초등학교로 갔다.

수송초등학교 운동장에는 시내의 다른 학교 학생들까지 속속 모여들었다. 교문을 들어서면서도 계속 노래를 불렀다. 점심시간에 빵과 사이다를 나눠줬다. 노래를 더 부른 뒤 몇몇 학생대표가 단상에 올라 웅변을 토했다. 뒤에 서 있던 고학년 학생들이 머리에 붉은 띠를 두르고 앞으로 나갔다. 의용군에 지원하는 용감한 학생들이라고 했다. 운동장이 떠나가라 박수를 쳐댔다. 5시에 해산해 집으로 왔다. 자초지종을 들은 아버지가 다음부터는 절대로 학교에 나가지 말라고 엄명을 내렸다.

부모님들은 아침 일찍부터 노력 동원을 나갔다 해가 져서야 들어왔다. 저녁을 끝내기 무섭게 학습이라는 사상교육을 받으려 다시 어디론가 나갔다가 10시가 넘어야 돌아왔다. 두 분 모두 파김치가 되도록 민망하게 지쳐갔다. 쌕쌕이는 매일처럼 날고 폭격은 밤낮없이 이어졌다. 사람의 그림자만 보이면 가차 없이 기총소사가 퍼부어졌다. 폭탄이 떨어졌다. 폭탄은 어디서 날아오는지도 몰랐다. 연이어 공습경보가 울려댔다. 그때마다 동네의 어느 곳에서든 폭탄이 터지고 집들이 불타고 사람들이 죽어갔다. 아침까지 멀쩡하던 사람들이 저녁도 되기 전에 죽어갔다. 함께 골목에서 놀던 친구들도 아침이 되어 얼굴을 봐야만 살아 있다는 걸 알았다. 그런 아이들도 다음 날에는 불에 타든가 아니면 한껏 몸을 웅크린 죽은 시체로 참혹하게 발견되기 일쑤였다.

　우리들은 언제나 배가 고팠다. 폭격을 피해 우왕좌왕 뛰어 도망다니는 것도 힘든 판에 배는 왜 그렇게 주책없이 때만 되면 고파지는지 울고만 싶었다. 어른들은 목숨을 부지하고 살아남는 것이 최대의 목표였고 우리들은 배고픔을 달래는 것만이 최대의 관심사였다. 명아주를 삶아 먹고 설사를 했다. 죽 한 그릇으로 하루를 견디던 날의 여름 해는 원망스럽게도 길었다.

　8월 들어, 그런 와중에 황금어장이 발견됐다. 서대문 형무소 붉은 담벼락 밖, 큰길에 면한 검도장 아래층 반 지하창고에 숯가마가 가득 쌓여 있는 걸 골목에 사는 한 녀석이 눈독을 들였다. 횡재였다. 신작로에 면한 축대는 길 반 높이여서 기어 넘기도 만만했다. 유리창도 깨진 곳이 많아 들어가기도 수월했다. 보초를 서는 인민군도 한 사람밖에 없었다. 저녁 어스름을 이용해 깨진 창문으로 숨어들 듯 들어갔다. 수수깡으로 엮은 숯가마를 헤치고 한 포대씩 갖고 나와 잽싸게 담을 넘었다. 골목 어귀에 있는 부침개 아주머니에게 건네주고 받는 빈대떡은 그 저녁 식구들의 충분한 한 끼 식사가 됐다.

그러던 어느 날, 부침개 가게 앞에서 우는 아이를 야단치는 낯선 아주머니를 봤다.

"먹배 너 이 녀석 또 여기 있었구나. 엄만 돈이 없어. 어서 가자, 못 사준다니깐…."

"싫어, 배고파. 엄마~."

네댓 살쯤 되어 보이는 아이는 자기 어머니의 치마폭에 얼굴을 묻으며 서럽고 기진한 소리로 훌쩍거리기 시작했다. 내가 숯을 건네고 부침개를 받는 걸 보자 아주머니가 물었다.

"어디서 난 거니?"

머뭇거리는 나를 보자 부침개 아주머니가 대신 답했다.

"길 건너 형무소 창고라우."

대답을 들은 아주머니가 아이를 달래면서 자기도 데려가 달라고 했다. 총에다 칼까지 끼우고 순찰을 돌고 있어서 들키면 큰일 난다고 말해줬다. 그래도 데려가 달라고 했다. 아이는 치마폭에서 아주 잠깐씩 고개를 돌려 내 눈치를 살피고는 도로 치마에 얼굴을 묻으며 마른 울음소리를 냈다. 그 간절한 눈빛에 할 수 없이 아이를 업은 아주머니를 데리고 한 번 더 담을 넘었다. 날이 어둑해지고 있었다. 순찰병의 눈을 피해 안으로 들어가 포대에 숯을 담기까지는 아무 일이 없었다. 하지만 창문을 빠져나오다 그만 아이가 자지러지게 울음을 터뜨렸다. 깨진 유리창에 긁힌 아이의 이마에서는 피가 낙숫물처럼 줄줄 흘러내렸다. 아이는 죽어라고 울어댔다. 순찰병이 달려와 총검을 들이댔다.

"이 쌍간나이 새끼들, 잘 걸렸다. 인민의 재산을 훔쳐? 몇 번이나 훔텬네?"

"아니어요, 인민군 동무. 처음이어요."

"뭐, 동무? 날래 미드라고? 뉘기가 믿으란?"

"정말이어요, 한 번만 용서해 주세요. 다신 안 그럴게요."

아주머니는 새파랗게 질려 말도 못 하고 사시나무 떨듯 떨고만 있었다. 아이는 계속 울었다. 어떻게든 이 위기를 모면할 방도는 내가 찾아야 했다. 처음 나에게 데려가 달라고 사정할 때의 그 굳게 사려잡던 결연한 표정은 아주머니의 얼굴 어디에도 없었다.

"인민군 동무, 나도 같은 동무예요. 김일성 장군 노래도, 빨치산 노래도 할 수 있어요."

"무시기 소리?"

인민군이 대답할 틈도 주지 않고 노래를 부르기 시작했다.

"높이 들어라 붉은 깃발을—"

끝내기 무섭게 연이어 불렀다. "장백산 줄기줄기 피어린— "
노래를 부르면서 나는 눈으로 인민군의 표정을 치밀하게 살폈다. 마치 밤공기 속, 위험을 가늠하는 나방이의 더듬이처럼 있는 대로 촉각을 곤두세우고 병사의 숨소리를 세심하게 살폈다. 병사의 얼굴이 약간 누그러졌다. 노래가 다 끝나기도 전에 갑자기 아주머니가 두 팔을 들더니 외마디 소리를 내질렀다.

"조선 인민공화국 만세, 조선 인민공화국 만세, 조선 인민공화국……."

눈이 둥그레진 인민군이 한 손으로 아주머니를 제지했다.

"됐시요, 고만하라요. 아새끼 피나 멈추게 하시구레."

말투가 부드럽게 누져 처졌다. 그 틈을 타서 다시 한 번 더 용서를 빌었다.

"용서해 주세요, 인민군 동무. 잘못했어요."

"알갔다, 알갓스니께니 날래 가라우야."

제법 어른스럽게 인민군이 민간인처럼 말했다. 아주머니를 일으켜 세워 돌아서 나오는데 뒤에서 순찰병이 우리를 불렀다.

"이거 안 개지구 가간?"

숯이 담긴 두 개의 포대를 들고 낮은 목소리로 인민군이 우리를 부르며 주춤주춤 다가왔다.

만국기 소녀

 2011년 11월 25일, 제25회 이대 동창문인회 작품집 《첫 클릭 클릭》의 출판기념회를 겸한 제15회 이화문학상 시상식이 남산 아래 '서울 문학의 집'에서 열렸다. 식장을 가득 메운 이들은 시, 소설, 수필, 동화, 희곡, 평론 등 각기 문단에서 활발하게 활동하고 있는 현역들로 거의 모두 본교 출신들이었다. 오늘의 수상자인 박영자 수필가와의 친의로 나는 한국의사수필가협회를 대표하여 같은 수필문우회 회원 몇 사람과 함께 그 자리에 참석했다.
 개회식 선언에 이어 출판과 문학상에 관한 회장의 간단한 코멘트가 있은 다음 시상식이 행해졌다. 단상에 올라 회장으로부터 상패를 받아든 수상자 박영자 수필가가 은회색 한복에 어울리는 차분한 목소리로 수상소감을 이야기했다.

여사는 이 자리에 서게 해준 분들에 대해 고마움을 표한 뒤, 강인한 의지와 인고로 자신과 오빠(현재 워싱턴 거주)를 키워낸 어머니와 어린 시절을 말머리로 지난날을 술회했다.

　24세에 홀로 되어 함경북도 청진에서 혹독한 추위 속에 남매를 키워낸 어머니는 광복에 즈음하여 행해진 B29 폭격에 놀라 그 길로 사선을 뚫고 남하한다. 발이 부르트게 걸어 38선을 넘은 세 식구는 고향 김천으로 내려가는 대신 종로구 송월동에 정주한다. 어머니는 한동안 직장생활을 하다 소규모의 버클공장을 차려 운영하고 영자와 오빠는 학교에 다니는 등 비교적 안정된 생활을 한다. 그 당시를 수상자는 이렇게 말했다.

　"이른 새벽 어머니가 직장에 나가고 오빠가 학교에 가고 나면 나는 드럼통 위에 올라앉아 온종일 해를 따라 돌며 하얀 신작로 위에 엄마와 오빠가 나타나기를 하염없이 기다렸다. 그런 나에게 엄마는 따뜻한 위로의 말 한 마디 건네주지도 가엽게 여기지도 않았다. 어머니는 강인하고 엄격했다. 드럼통 위에서 나는 외로움을 배우고 외로움을 이기는 법을 익히며 그리움의 정체를 가슴 깊이 재워갔다."고.

　서대문초등학교 5학년 때 영자는 다시 전쟁의 소용돌이에 휩싸인다. 6·25 전란으로 인민군치하가 된 장안에서 3개월을 공포와 배고픔 속에 지내고 9·28 수복을 맞은 영자의 가슴엔 한 장의 흑백사진이 남는다. 수복 후 폐허가 된 서울 도심 한 귀퉁이에 깡통치마 흰 저고리를 입고 검정 고무신을 신은 채 만국기 앞에 선 열두 살 소녀 사진. 총칼보다 무서운 게 배고 픔이던 때의 흑백 슬라이드 사진 한 장.

9·28 수복이 되고 나서 어머니는 기왕에 운영하던 버클공장의 공장장과 함께 집에서 재봉틀로 유엔 참전국 국기를 만들었다. 이를 오빠와 영자가 빈 레이션 박스에 담아 오빠는 종로로 영자는 남대문 쪽으로 갖고 나가 유엔군들에게 팔았다. 부서진 건물의 엿가락처럼 휘어진 벽돌 기둥에 버려진 전깃줄을 이리저리 얽어매고 기들을 걸어놓으면 오색이 바람에 팔락거리며 지나는 병사들을 멈춰 세웠다. 만국기가 바람에 유난히 펄럭이던 날, 어린 소녀가 장사하는 모습이 신기했던 미군 종군기자 한 사람이 지나가다 멈춰 서서 슬라이드 사진기로 영자와 함께 포즈를 취하고 사진을 찍고 갔다.

그가 들이대는 사진기 앞에 부끄러워 부서진 건물 기둥 뒤에 숨던 영자는 어느 순간 환하게 웃으며 나타나 모델이 된다. 잘하면 만국기를 두어 개쯤 팔 수 있겠다는 계산 때문이었는지 아니면 어린 소녀다운 호기심에서였는지는 본인이 밝힌 바 없어 모르긴 하지만 아마도 전자가 아니었을까 싶은 게 나의 추측이다. 장사가 잘되는 날이면 남대문시장 노점상에서 엄마가 좋아하는 사과나 밤, 찹쌀 꽈배기를 사들고 가는 속 깊은 딸이었으니 그 순간 어찌 셈 빠른 효녀 머리에 찹쌀 꽈배기가 떠오르지 않았으랴.

그로부터 61년이 지난 2011년 6월, 이제는 원로 수필가가 된 73세의 수상자는 흑백사진 속 어린 날의 자신을 국립역사박물관의 6·25 전란 사진전시회에서 뜻밖에 만난다. 그때의 종군기자 존 리치(93세, 현재 미국 메인주 거주)가 《칼라로 보는 한국의 전쟁사》라는 책을 내면서 만국기를 파는 영자의 사진을 싣고, 그 원판을 박물관에 보내온 것.

초라한 행색의 한 소녀를 통해 고난의 시대를 대변하고 있는 한 장의 흑백사진. 얼마 전 사석에서 주인공은 사진을 내보이면서 '그날'을 말했었다. 지나온 삶을 되돌아보면 전쟁은 자기에게 또 다른 삶의 의미를 부여해 주었다며, 굶주려도 자존심만은 잃지 않았었다며, '그날'을 잊지 않고 항상 감사하며 살아왔노라고.

이어, 다발성경화증을 앓는 불편한 몸으로 단상에 오른 재학 때의 스승 윤원호 교수가 오늘의 수상자를 정감 있게 정의했다. "여유롭고 너그러우며 부화뇌동하지 않는 인자로, 힘써 살고, 널리 베풀고 배워 닦은 글이 꿋꿋하고 간결하다."고.

꽃다발을 안고 앉아 노교수의 말을 경청하는 수상자를 보면서 나는 먼 전날의 늦가을을, 열두 살 동갑내기이던 우리들의 '그날'을 떠올리며 숙연히 감회에 젖었다.

신문사 앞에 줄을 서 기다리다 신문이 발간되어 나오기 무섭게 30부, 50부를 받아 들고 거리를 뛰어가면서 팔던 열두 살로 돌아가, "신문이오, 신문! 오늘 나온 경향신문이오!"하고 소리치며 덕수궁, 숭례문을 지나 염천교 쪽으로 달리다 부서진 건물 모퉁이에서 만나던, 늦가을 선득한 바람 속에 홑저고리 차림으로 서서 양손에 든 만국기를 흔들어대며 "덴 딸라, 덴 딸라!"하고 새되게 외치던 영자에게, 만국기 살 사람을 찾아 좌우로 고개를 돌릴 때마다 빈약한 어깨 위에 촐랑거리던 갈래머리에게 나는 마음 깊숙이에서 우러나는 박수와 찬사를 보내며 눈시울을 붉혔다.

아버지의 팡세

 중학교를 졸업하고 진학한 서울의 고등학교에는 한 주 두 시간의 특활시간이 있었다. 모든 학생은 각자 자의로 선택해 그 시간 운동을 하거나 취미활동을 했다. 중학교 시절 정구 선수 급우들이 부러웠던 나는 망설임 없이 바로 정구반에 들었다.
 금요일, 5교시 수업을 마치고 나면 두 개의 정구코트에는 각 학년 합해 20여 명 되는 남녀 반원들이 모여 공을 쳤다. 네 개뿐인 학교 비품 라켓은 상급생들의 차지여서 하급생들은 다른 한 코트에서 개인적으로 라켓을 소유한 사람들만이 교대로 공을 쳐 나를 비롯한 몇몇은 기회가 오기를 기다리며 구경이나 하는 게 고작이었다.
 동일계 중학 출신이 아닌 신입생이라서 받는 은근한 따돌림에 더하여 자존심이 겹겹으로 상했다. 궁리 끝에 아버지에게 말씀드렸다. 당장 라켓이 필요하다고 -. 당시 아버지는 모 석유회사 인천 출장소 소장으로 계셨고 나는 서울에서 하숙을 하고 있었다.

토요일, 아버지가 직접 라켓을 들고 학교에 오셨다. 본사에 일이 있어 올라왔던 길에 라켓도 전해주고 담임선생님도 뵐 겸 들렀다고 했다.

아버지가 준 라켓은 옛날 당신이 학생 때 쓰던, 볼이 유난히 좁은 케케묵은 구형이었다. 초등학교 때 집 다락에서 몇 차례 보았던, 컷이 끊어져 가지고 놀지도 못 하던 구닥다리 고물이었다.

너무 실망스러웠다. 이런 걸 어떻게 학교에 가지고 간단 말인가. 더구나 여학생이 반이나 되는 코트에 이걸 들고 가서 친다고? 얼마나 웃음거리가 될 줄 아버지는 짐작도 못 하시는 건가. 피란지에서 올라와 직장을 구한 지 겨우 3년, 아홉이나 되는 대식구의 가장으로 출장소 사무실 2층에 옹졸하게 얹혀사는 아버지의 곤고한 입장을 왜 모를까만 그래도 실망이 너무 컸다. 신품 라켓이야 못 사주더라도 중고품일망정 신형을 장만해줄 거라 여겼던 기대가 무참하게 무너졌다.

그날 아버지와 나는 서울역 건너편 남산 길을 함께 걸었다. 그 아래 판잣집과 작은 집들이 다닥다닥 밀집해 있는 양동을 내려다보면서 볼이 부은 내게 아버지가 말씀했다.

"높은 데만 보고 살지 말거라. 낮은 곳도 살펴가며 살아야 한다. 욕심이란 한이 없는 게야. 위만 보고 살면 족한 줄 모르게 된다. 만족을 모르면 감사할 줄도 모르고 행복도 모르게 돼."

라켓을 마련해주지 못한 민망함을 변명하려던 건가, 말씀하는 뜻이 이해는 됐지만 가슴이 영 받자하지를 않았다.

그 구형 라켓을 나는 단 한 차례도 학교에 가져가지 않았다. 주말에만 근처 초등학교에 찾아가 벽에다 대고 공을 치며 한 주간 쌓인 스트레스를 풀었다.

아버지로부터 신형의 새 라켓을 받은 건 여름방학 시작 첫날이었다. 날아갈 것 같은 기분이면서도 죄송했다. 얼마나 어렵게 구하셨을까.

방학 내내 나는 인근 인천고등학교 선수들에 섞여 함께 연습했다. 그리고 그 가을 그 라켓을 들고 전국체전에도 참여했다. 비록 1회전에서 대구상고 선수들에게 패하기는 했지만.

그해 겨울, 방학이 되어 집에 내려가 있으면서 나는 아버지의 사교에서 이상한 점을 발견했다. 그날도 나에게 사무실을 지키게 하고 서울 본사에서 내려온 부장 두 사람과 다방에 다녀온 아버지가 사무실에 들어오자마자 서랍을 열더니 《팡세》부터 꺼냈다. 갑자기 무얼 찾아보실 게 있나 궁금해 다가서는 나를 흘낏 쳐다보며,

"오늘도 30환 굳었다."라고 혼자 말씀이듯 하시며 지갑에

서 십 환짜리 석 장을 꺼내 책갈피에 끼워 넣었다. "뭐가요?"
의아해 묻는 내게 아버지가 해명했다.

"응, 이거? 난 오후엔 커필 안 마시거든. 마시면 밤에 잠을 못 자. 다방에서 보리차만 마셨으니까 커피 값이 굳은 게 아니냐. 이렇게 끼워뒀다가 열 장이 되면 백 환짜리로 바꿔 넣고, 그러다 보면 어느새 너희 책 값이 되고 용돈이 되지."

그 순간 나는 나의 새 라켓도 저 《팡세》에서 만들어졌다는 걸 대번에 알 수 있었다.

전란이 끝나고 재활과 복구가 활발하던 50년대 후반의 우리 사회는 다방문화라고 해도 좋을 만큼 거리 곳곳에 다방이 흔했다. 딱히 약속해서 만날 장소도, 갈 곳도, 만나서 이야기할 곳도 없던 당시에 사람들은 일상처럼 다방에서 만나고 일을 보고 시간을 보냈다.

하지만 내 알기로 아버지는 당신의 돈으로는 일 년에 단 한 차례도 다방을 출입하지 않았다. 공무로 들어가 남에게 대접을 해도 당신은 보리차만을 마셨다. 다방에 들어가 커피를 마시는 건 낭비요 분수에 안 맞는 사치라고만 여기셨다. 손님들 앞에서는 오후에 커피를 마시면 밤에 잠을 못 잔다면서도 비 오는 저녁이면 아버지는 창문을 열어 놓고 빗소리 속에 어머니와 마주 앉아 즐겨 커피를 드셨다.

그 겨울 알게 된 아버지의 검약과, 커피 한 잔 값이면 짜장면이 한 그릇이라는 실질적인 계산에 지금도 나는 커피숍 앞에

서면 선뜻 들어서질 못하고 멈칫멈칫 머뭇거리다 등을 돌리기 일쑤다. 어쩌다 마지못해 사람들을 따라 들어가도 앉아 있는 내내 불안하고 어색하다. 그리고 또 여전히, 어쩌다 헌책방에 들르기라도 할 참이면 나는 높게 쌓인 책들 사이에서 을유문화사판 연두색 양장본 《팡세》를 두리번두리번 찾고는 한다.

아버지의 찔레꽃

1) 다듬이소리

　중국인들은 어디서나 마작을 한다. 작은 가게들이 밀집한 시장 골목의 한귀퉁이에서, 상점들이 연이어 선 대로변의 건물 처마 밑에서, 낮이고 저녁이고 시도 때도 없이 마작놀이를 한다. 도교道教의 발상지인 학명산鶴鳴山의 황폐해가는 도관道觀도 예외가 아니었다. 찔레꽃 흐드러지게 핀 도관의 마당 한모퉁이에서, 아침나절임에도 웃통을 벗고 앉아 중국인들이 마작하고 있었다. 마작과 찔레꽃, 관내를 둘러보기보다 나는 문득 돌아가신 아버지를 먼저 머리에 떠올렸다.

　광복 이듬해 3월, 우리는 남으로 왔다. 징발을 피해 용당포

앞바다 모란섬 은밀한 곳에 숨겨 놓았던 똑딱선을 찾아 끌고 온 아버지는 한밤중 이웃들 몰래 도둑처럼 이삿짐을 배에 실었다. 조선操船업을 하면서 수리공과 부품의 운송수단으로 쓰던 작은 배, 가끔은 가족들과 낚시를 즐기곤 하던 발동선이었다.

곤한 잠에서 깨어나 영문을 모른 채 불안에 떠는 식구들을 아버지는 말도 없이 배에 태웠다. 뱃전에 부딪히는 파도소리마저 두려워하며 마치 북극 바다의 유령선이기나 한 것처럼 밤안개 옅게 퍼진 빈 포구를 소리 죽여 빠져나왔다. 아버지와 어머니, 나와 여동생 둘, 겨울에 태어난 남동생에 할머니가 가족의 전부였다.

할아버지가 돌아가시고 난 뒤 큰아버지 댁에 기거하던 할머니가 뜻밖에도 월남행을 함께했다. 가냘픈 몸매에 언제나 하얀 치마저고리를 정갈하게 입고 있던 할머니는 곁에만 있어도 매양 든든하고 흐뭇했다.

뒤늦게 낌새를 챈 로스께가 연안의 초소에서 몇 발의 총을 쏘아댔지만 배는 이미 사정거리를 벗어나 전혀 위협이 되지 못했다. 총알 몇 개가 배의 고물 훨씬 못 미처에 퍽퍽 하는 둔탁한 소리를 내며 물 위로 떨어져 박혔다. 아득히 총소리가 멀어지자 그제야 어머니는 품에서 갓난 동생을 떼어내 할머니에게 내어드리며 손바닥으로 놀란 가슴을 쓸어내렸다.

바깥 바다는 다행히 파도가 심하지 않았다. 그래도 얼마만큼의 풍랑은 있어 제법 〈자장가〉역할을 할 정도로 배를 흔들어댔다. 아버지를 제외한 식구 모두 선실에서 모자란 잠을 덧자고 아침 햇살에 깨었을 때는 배는 이미 한강 어귀의 훨씬 안쪽까지 들어와 너른 물길을 거슬러 오르는 중이었다. 강물을 길어 지은 하얀 쌀밥, 갖가지 젓갈 반찬에 곁들여 나는 밥을 두 그릇이나 비웠다. 볼에 닿는 강바람이 싸하게 찼다.

마포나루에 내려 바로 트럭을 타고 사직동 집으로 향했다. 지난겨울, 아버지는 삼팔선을 몰래 걸어 넘어와 서울에다 살 집을 미리 장만해 두었었다. 기역자 형 기와집, 고향 집에 비해 마당이 옹색하게 좁았다. 앉은 자리 또한 북향이어서 해가 오래 머물지도 않았다. 겨울은 견디기 힘들게 추웠다.

두 해 터울로 동생들이 태어나다 보니 마당에는 언제나 기저귀가 널렸다. 배릿한 아기 똥 냄새가 집 안 어디에나 배었다. 짧은 햇살에 기저귀를 말리기 위해, 자잘한 집 안 살림에 할머니는 이른 아침부터 바쁘게 동동거렸다. 기저귀가 태반인 빨랫감들을 펌프 곁에 쌓아놓고 할머니는 아침마다 빨래를 했다. 잠이 덜 깬 눈을 비비고 나가 펌프질을 해 드리면 할머니는 똥물이 노란 기저귀를 빨랫돌에 안차게 비벼내어 몇 번이고 몇 번이고 헹궈냈다. 내가 대문을 나설쯤이 되어야만 커다란 양은솥에 빨래를 삶으며 그때야 겨우 허리를 펴고 서서 나와 동생이 하는 "학교 다녀오겠습니다." 인사를 웃으며 받았다.

학교에서 돌아오는 골목에서도 우리 집은 금세 눈에 띄었다. 장대로 높게 받쳐진 빨랫줄에는 하얀 기저귀들이 무슨 깃발이나 되는 것처럼 담장 위로 펄럭펄럭 휘날렸다. 비가 오는 날만이 예외였다. 기저귀를 걷어내려 기름하게 접어 아랫목에 쌓아놓는 건 나와 바로 아래 여동생의 몫이었다.

뽀송뽀송하게 마른 새하얀 소청 기저귀에서는 더는 동생의 똥 냄새도 지릉내도 나지 않았다. 코에 갖다 대면 따뜻한 햇볕 냄새만 났다. 손바닥에 닿는 감촉도 산뜻해 쨍한 날씨라도 만져지듯 기분이 새침했다. 새로 산 공책 종이처럼, 바삭바삭하면서도 부드러워 한 차례씩 뺨에 대고 문지르면 마음마저 환해졌다. 기저귀에서는 갓난 동생의 냄새, 어머니의 냄새, 할머니의 냄새들이 모두 섞인 그리운 냄새가 났다.

두 해가 지난 2월, 할머니는 몸이 불편한데다 큰집이 걱정된다며 다시 삼팔선을 넘어 해주의 큰아버지 집으로 되돌아가셨다. 할머니가 가시고 난 뒤로는 어둠이 짙게 내려앉는 마당을 가로질러 들려오는 다듬이소리가 낯선 듯 달라졌다. 어머니의 그것이 빠르고 낭랑하긴 했지만 할머니의 하얀 치마저고리가 지어내는 방망이 소리와는 사뭇 달랐다. 한동안 나는 골목에 들어설 때면 느릿하고 안여한 할머니의 다듬이소리가 다시 들릴까 쫑긋 귀를 세우고는 했다.

2) 찔레꽃

할머니가 가신 지 두 달 뒤 우리는 영천으로 이사를 했다. 이

사한 뒤로 아버지는 월남하기 전에나 가끔 하던 마작을 다시금 시작했다. 밖에서 하루 이틀씩 밤을 새우는 날도 더러 있었다. 집에는 새로 사귄 친구분들이라며 낯선 어른들이 찾아와 밤을 새우고 가는 날도 생겼다. 출근도 매일같이 하지 않았다. 이모부와 하던 자동차 사업도 시들해가는 눈치였다. 결국, 아버지는 사업을 접고 친구분이 하는 회사에 경리로 취직했다.

　5월의 어느 화창한 일요일에 아버지는 나를 데리고 임진강변으로 낚시를 갔다. 자전거 뒷자리에 나를 태운 아버지는 가는 내내 북으로 간 할머니와 고향 이야기를 했다. 지나는 길가에는 하얀 찔레꽃이 흐드러지게 피어 사방에 꽃향기 진동했다. 찔레넝쿨 앞에 자전거를 세운 아버지가 나를 뒷자리에 그대로 둔 채 무더기로 꽃이 핀 넝쿨로 천천히 걸어갔다. 허리를 구부려 꽃 냄새를 맡던 아버지가 뜬금없이 뜻 모를 말을 했다.

　"네 할머닌 찔레꽃 같은 분이란다."

　할머니가 찔레꽃 같다고? 궁금했다. 아버지에게 물었다.

　"왜 할머니가 찔레꽃 같아요?"

　얼굴을 들어 잠시 하늘을 올려보고 난 아버지가 나를 향해 고개를 돌리며 차분하게 말했다.

　"언제나 흰옷을 즐겨 입으시는 데다 오죽 깔밋하시냐. 마음은 또 얼마나 온화하시더냐. 마치 찔레꽃 꽃말처럼 말이다."

　"그래서 그래요?"

　나는 할머니 이야기를 더 듣고 싶었다. 짐작한 듯 아버지가 말씀을 이어갔다.

"또 있지. 내 동생, 즉 네 삼촌이 아파서 열이 사흘씩이나 계속 펄펄 끓자 단지斷指를 해 피를 먹여 살리신 적도 있단다. 찔레 가시처럼 맵기도 한 분이지."

나도 광복군에 나가 싸웠다는 삼촌 이야기는 여러 번 들어 알고 있었다. 광복되고도 삼촌은 돌아오지 않았다.

"삼촌은 살아 있을까?" 혼잣말처럼 아버지에게 물었다.

"죽은 게야, 그러니 소식이 없지."

"할머니가 아픈 것도 삼촌 때문인가 봐."

할머니는 왜 다시 북으로 돌아가셨을까. 아파서만 돌아가셨을까?

"혹시 삼촌을 기다리느라 고향으로 돌아가신 건 아닐까요?"

"그럴지도 모르지."

잠시 뜸을 두어 대답을 마친 아버지는 다시 또 멀리 북쪽 하늘을 한참 동안 바라보다가 굼적하게 자전거에 올라 페달을 밟았다. 진한 꽃향기에 취해서일까, 아버지의 자전거가 잠시 비칠비칠 흔들렸다.

강가에 닿아서도 낚시질에 신이 난 나와는 달리 아버지는 강 건너 멀리 산마루 위에 떠도는 구름만 자주 바라보시고는 했다. 돌아오는 길에 아버지는 손바닥이 마구 찔리고 손등이 심하게 긁히는 것도 아랑곳하지 않고 찔레꽃을 한 다발 가득 꺾어 자전거 핸들에 조심스럽게 묶었다.

"할머니도 찔레꽃을 좋아하셨어요?"

불쑥 아버지에게 물었다. 긁힌 손등에서는 피가 배어 나와 가로세로 가느다랗게 핏금을 그렸다. 어눌하게 아버지가 대답했다. 목소리가 젖어 있었다.

"그럼 좋아하셨지. 찔레꽃이 하얗게 핀 달 밝은 밤이면 자주 뒤 울안에 나가 혼자 서성이고는 하셨단다."

"아, 그게 찔레꽃이었구나."

"뭐가 말이냐?" 아버지가 궁금한 듯 물었다.

"큰아버지네 집 뒤꼍 울타리 말이어요."

"그렇단다. 할머니가 찔레꽃을 좋아하시는 걸 알고 할아버지가 찔레넝쿨로 울타리를 만드셨단다."

집에 돌아온 아버지는 가져온 찔레꽃을 작은 오지항아리에 몽땅 꽂아 대청마루 구석 뒤주 위에 곧바로 올려놓았다. 며칠이 지나면서 꽃잎이 떨어져 볼품없게 된 다음에도, 어머니가 곱지 않게 눈살을 찌푸려도 아버지는 시든 꽃다발을 쉽게 치우려 하지 않았다. 그해 겨울에도 아버지는 여느 때처럼 마작을 했다. 5월이 오자 다시 또 나를 데리고 임진강 변으로 낚시를 갔다. 지난해와 똑같이 한 아름 찔레꽃을 꺾어왔다.

3) 마작

그다음 해 5월 끝 주말, 아버지는 밤이 깊어서도 들어오지 않았다. 벌써 이틀째였다. 영천으로 이사와 얼마 지나고부터 아버지는 집에서만은 마작을 삼갔다. 5학년이 되어 조금 철이 들자 비록 아버지의 친구분들이라고는 하지만 나는 낯선 사람들이 집에 와 밤을 새워 마작하는 게 참으로 싫었다. 밤을 새워 하는 마작도 마작이려니와 방에서 나는 진한 담배 냄새가 역겹도록 싫었다. 밤참을 해내느라 힘들어하는 어머니를 보는 것도 적지 아니 화나는 일이었다. 잦은 잔심부름도 짜증스럽기는 매한가지였다. 꾀를 냈다. 네댓 차례, 아버지의 마작 곽에서 몇 쪽을 훔쳐내어 몰래 아궁이 속 깊숙이 나 몰라라 던져 숨겼다. 물어도 모르는 척 시치미를 뗐다. 짐작이야 갔겠지만 증거를 찾지 못한 아버지는 몇 번 역정을 내는 걸로 아예 마작 장소를 집 밖으로 옮기고 말았다.

학교에서 돌아오는 산길에 찔레꽃이 탐스럽게 피어 있던 것에 생각이 미쳤다. 일어나자 밥도 먹는 둥 마는 둥 아버지를 찾아 나섰다. 윗동네의 한 작은 집 문간방에서 간신히 아버지를 찾아냈다. 아버지는 핼쑥해진 얼굴로 무표정하게 나를 맞았다. 방안은 냇내라도 든 것처럼 담배 연기가 자욱했다. 한쪽 구석에는 꽁초가 수북이 쌓인 커다란 재떨이가 세 개나 있었다.

나무라지도 않고 수굿이 따라 나오는 아버지는 꾸부정해진 허리를 제대로 펴지도 못했다. 홀쭉하게 살이 빠진 볼 아래로 뾰족해진 턱에는 염소수염이 볼품없이 자라 몰골이 말이 아니었다. 그런 아버지를 보면서 나는 이다음 커서도 절대로 마작은 배우지 않겠노라고, 근처에도 가지 않겠노라 굳게 마음속으로 맹세했다. 아버지에게 말했다.

"아버지, 찔레꽃이 폈어요. 낚시 안 가요?"

순간 아버지는 깜짝 놀라시는 듯했다. 노여운 듯 슬픈 듯 복잡한 표정으로 나를 쳐다보던 아버지가 눈길을 피해 고개를 떨궜다.

그다음 주에 낚시를 갔다. 찔레 덤불 아래에는 벌써 꽃잎이 수북이 떨어져 있었다. 가지에 남아 있는 꽃들도 색이 추레하게 바래 있었다. 아버지는 주섬주섬 꽃가지를 꺾었지만 그때마다 그나마 남아 있던 꽃잎들도 힘없이 후드득 떨어져 사방으로 흩어져 내렸다. 몇 번을 되풀이 골라가면서 가지 몇 개를 꺾어 들기는 했지만 자전거를 세워놓은 곳까지 왔을 때에는 꽃잎은 대부분 떨어져나가고 긁혀 피가 나는 손에 들린 가지에는 시든 꽃잎도 겨우 몇 개밖에는 남아 있지 않았다. 가시 많은 두릅나무 가는 가지 묶음처럼 그저 시굽게만 보였다.

그 뒤로 아버지는 더는 마작판을 기웃거리지 않았다. 마작 친구들도 더는 아버지를 불러내지 않았다. 단지하셨다는 할머니의 매운 성품을 물려받아서인지 한번 하고자 마음만 먹으면 행동에 옮기는 것쯤은 오뉴월 엿가락 구부리는 것보다도 더 쉽게 실천했다. 그러한 결단력은 윗대에서부터 이어져 오는 독자獨自한 유전처럼도 보였다. 그리고 12년이 흘렀다. 전란과 피란생활을 겪으면서 아버지에게는 그럴 겨를도 기회도 없었다.

4) 그리움

셋째가 대학에 입학하여 나와 여동생 둘이 대학을, 그 아래로 고등학교 둘, 나머지 둘이 중학생이 되자 아버지는 내색은 안 하면서도 우리들의 등록금이 힘에 부치는 눈치였다. 당시 아버지는 이름 있는 개인회사의 영업부 부장으로 있었다.

겨울방학 내내 '돌체'다 '르네상스'다 하며 매일이다시피 음악 감상실에서 살던 어느 토요일, 밤 9시가 다 되어서야 친구들과 헤어져 집으로 돌아왔다. 아버지는 오늘 들어오지 않을 거라며 어머니가 아랫목에다 저녁상을 차려줬다. 궁금했다. 가족밖에 모르는 소문난 애처가인 아버지는 단 한 번도 토요일 늦게 들어온 적이 없었다. 직장생활을 시작한 후로는 마작할 때에도 주말은 한사코 피하던 아버지였다. 숭늉을 떠가지고 들어온 어머니가 내 표정을 읽더니 이유를 말했다.

"응, 상갓집이 생겨서 못 들어오신단다러."
"그래요? 누군지 아셔요?"
"몰라, 말씀 안 하셨다. 그런데 참, 너 내일 시간을 좀 내라고 그러셨다. 오후 4시쯤 회사 숙직실로 오라고 하시더라."

의아했다. 시장기에 밥을 걸터먹다 말고 어머니에게 뜨악하여 물었다.

"왜요, 상갓집에 가셨다며? 아버진 숙직을 안 하실 텐데…."

"상가喪家가 회사 근처라 밤을 새우고 나서 숙직실에서 한잠 주무실 모양이지 뭐."

"무슨 일이 있어요?" 재우쳐 여쭸다.

"난들 아냐, 너도 컸으니까 뭘 좀 의논하고 싶으신 게지."

다음날 4시 회사로 갔다. 숙직실에는 한창 마작판이 벌어져 있었다. 마작하는 한옆에서 아버지는 웅크린 채 새우잠을 자고 있었다. 담요 한 장도 덮여 있지 않았다. 나를 본 아버지가 언제 잠이 들었었느냐는 듯 바로 일어나 뒤를 따라 나왔다. 일부러 잠든 체하고 있었던 게 분명했다. 건물 밖 골목 어귀에 나오자 아버지가 한 움큼의 지폐 다발을 남이 볼세라 서둘러 나에게 건네줬다.

"이게 뭐예요, 마작하신 거예요?"

"가지고 가거라. 너희 셋의 등록금이다."

부끄럽고 창피했다. 어쩐지 떳떳지가 못한 느낌이었다. 따지듯 아버지에게 대들었다.

"그동안 안 하셨잖아요?"

대답 대신 아버지는 보일 듯 말 듯 고개만 끄덕였다. 언짢고 낭패스런 표정이었다.

"더 묻지 말고 어서 집에 가거라. 나는 좀 늦는다고 어머니께 말씀드려라. 나중에 말하마."

입을 다문 채 아버지는 돌아서서 다시 숙직실로 걸어가셨다. 구부정한 뒷모습, 눈물이 핑 돌았다. 그 순간만은 아버지도 마작도 미워할 수가 없었다. 무슨 수를 쓰셨을까, 마작을 모르는 나로선 알 길이 없다. 왜 다시 들어가셨을까.

그날 저녁 아버지는 약주를 한잔 걸친 불콰한 얼굴로 늦게야 들어오셨다. 나와 어머니를 보더니 손바닥으로 주머니를 털털 두드려 보이며 호탕하게 웃었다. 주머니가 비었다는 아버지만의 너스레였다. 얼마간 남겼던 돈을 모두 잃어주고 왔노라며 대수롭지 않은 듯 지나가는 투로 말씀했다. 가장이란 때로는 철석같은 자기와의 약속도 어겨야 하는 무거운 자리임을 뼈저리게 알게 된 아픈 날이기도 했다. 그 뒤로 먼 훗날 중풍으로 몸져 눕기까지 아버지는 더는 마작을 하지 않으셨다.

나의 대학 입학을 그렇게도 고마워하던 아버지, 회사 내에서도 오랜만에 어깨를 한껏 펼 수 있었다며 아들을 무척이나 자랑스러워하던 당신. 마작판에서만은 잃고 따고를 마음먹은 대로 재량하면서도 과한 욕심을 경계하던 분. 돌아가시던 그날까지 북으로 간 할머니에 대한 그리움을 끝내 접지 못하시던, 찔레꽃이 피는 5월이면 드러내 놓고 내색을 못 하는 채 속으로만 꽃 몸살을 하던 아버지. 지금은 나의 가슴에 진한 찔레향으로 남아 있는 아버지를 이국의 벽지에서 새삼스럽게 만나는 아릿한 한순간이었다.

조곤조곤 아침 비 내리는
　낮은 산길
　모롱이 돌다

　찔레꽃
　흐드러지게 핀 무더기
　만나는 보셨는지요.

　꽃 빛만도 당신 그리움인데
　코끝 아릿한 향은
　어쩌란 건지

　두고 오기 아쉬워 조금 걷다
　돌아서
　다시 갑니다

2004. 5. 27.

도드람산

3

부부의 美學
도시락 데이트
류 목사
달리도의 소금 사람
승화
도드람산
정육점
노변잡설老邊雜說

부부의 美學

"찬은 냉장고 둘째 칸에 있으니깐 국만 데워 드시면 돼요. 오늘 점심은 혼자 드셔야 되겠네."

화장을 마친 아내는 커다란 연두색 쇼핑백을 어깨에 걸쳐 메고 서둘러 현관을 나선다.

수요일 10시면 아내는 외출을 한다. 벌써 석 달째, 거르는 날이 없다. 물어도 빙긋 웃기만 할 뿐 단 한 번도 시원하게 대답해준 적이 없다. 나에 관해선 꼬치꼬치 별걸 다 물어대면서도 자기 일에만은 숨김이 많다. 외출에서 돌아와 옷을 갈아입고 나오기 무섭게 어디서 누구와 만났느냐, 점심은 무얼 먹었느냐, 무얼 타고 갔었느냐, 거기라면 전철 몇 호선을 타고 가서 거기서 몇 호선으로 갈아타면 쉽게 갈 수 있었을 걸 그랬다는 둥, 골치가 다 지끈거릴 지경으로 시시콜콜 물어대면서도 정작 자기 행적과 주변에 관해서만은 나에게 묻는 것처럼 그렇게 세세히 밝힌 적이 없다.

처제에 대한 동서의 불평 또한 똑같은 걸 안 뒤로 나는 아내의 말 아낌 버릇은 그녀 집안의 내력이거니 치부해 두는 걸로, 남들 말대로 그게 다 남편 사랑에서 오는 관심이거니 좋게 생각하면서 그대로 넘어가기 다반사였다.

"오늘 어디 안 갔어?"
"아니, 나갔다 왔어요."
"어디?"
"홍대 앞에요." 언제나처럼 대답이 건성이다.
"누구 만났는데?"
"그냥 고등학교 동창들이죠 뭐."

여자들 만나는 게 뭐 그리 궁금하냐는 심드렁한 말투다. 결혼 후 이제껏 외출에 관한한 둘의 대화는 이런 식으로 엇나가면서 때죽나무 으름덩굴 감기듯, 이층장 먹감나무 무늬들 듯 어슷어슷 버긋게 이어져 왔다. 요즘 들어서는 어찌 보면 안방에 드는 것조차 그리 달가워하는 기색이 아니다. 다 늦게 권태기라도 온 걸까.

현관을 나섰던 아내가 금방 되돌아 들어온다. 백에서 우산을 꺼내 우산 통에 도로 넣는다.

"테레비에서 비가 올 거라기에 우산을 넣었더니 하늘이 맑네, 차려 먹기 귀찮으면 점심은 식성대로 나가서 사 자셔요."
 듣다 보니 슬그머니 부아가 난다. 불쑥 생각지도 않던 말을 뒤뚱 맞게 내뱉는다.
"싫어, 나 오늘 나가서 안 들어올 거요."
" 어딜 가시려구?"
"아무데나."
"왜 또 갑자기?"
 놀란 목소리로 아내가 묻는다. 무슨 송신 굿할 일이라도 났느냐는 홍두깨 맞은 얼굴이다.
"당신은 말도 없이 여기저기 잘만 다니는데 나도 좀 그래 볼 참이요."
 행동거지가 예측불허로 돌출적이긴 하지만 그래도 배웠다는 사람이 불뚱 밸로 화내는 게 어처구니없다는 듯 아내는 눈을 내려 깔며 음성마저 낮춘다.
"그럼 좋으실 대로 하시구려. 내일은 오시는 거죠? 저 나갔다 올게요."
 현관문 닫는 소리가 평소보다 크다. 마뜩지가 않는가 보다.
 속으로야 부아가 그리 심하게 난 건 아니었지만 내뱉은 말도 있고 해서 그 길로 대충 짐을 싸들고 집을 나섰다. 태안에 들러 단골인 '토담집'에서 게장백반으로 점심을 먹고 섬의 콘도에 짐을 푼 시각은 3시, 오후의 너른 바다가 눈앞에 그림처럼 펼쳐졌다.

안면도 꽃지 해수욕장, 울적하게 떠나온 마음을 달래기에 부족함이 없이 바다와 하늘이 더할 수 없이 화담했다. 눈 아래로는 갈매기 몇 마리가 풍경처럼 날았다.

잠시 누웠다 눈을 떠 보니 수평선 위 두어 길쯤 높이에 멈춰선 해가 바다와 하늘을 한빛으로 만들고 있었다. 대충 챙겨 입고 물가로 나갔다.

엷게 피어오른 해무 속에 섬들이 아련히 멀다. 모래톱을 남실대는 파도가 조는 듯 꿈꾸는 듯 조근조근 물 자락 끄는 소리를 여리게 낸다. 갓 태어난 새끼 고래의 잠든 숨소리가 저렇듯 잔잔할까, 물살을 밟으며 천천히 모래 위를 걸었다. 간질이는 물결이 버들강아지 솜털만큼이나 발등에 부드럽다. 첫 입맞춤 뒤에 오는 나른한 감미로움, 바다는 꿈을 꾸고 있었다.

저녁 끼니때가 되어서인지 썰물 나간 모래사장에는 게들을 사냥하느라 바쁜 갈매기들이 날개를 퍼덕이며 이리저리 어지럽게 몰려다니고 있었다.

벌어진 가슴이 탐스러운 수놈이 발랑 게 한 마리를 잡아 부리에 물더니 목을 길게 곧추세워 으스대며 짝에게 건넨다. 매섭던 눈에 사랑이 넘친다. 모지락스럽게 보이던 갈퀴발이 힘차고도 아름답다. 배가 찼는가, 갑자기 허공을 날아오르며 "끼룩"하고 제 짝을 불러 함께 숲 너머 벼랑 쪽으로 날아간다. 이른 대로 그만 보금자리를 찾아 깃을 다시 다듬으려는, 저들만의 길들여진 정다운 몸짓인 듯 보인다.

모래 위엔 여인들 몇이 바쁠 것 없는 발길을 물빛 따라 옮긴다. 헐렁한 옷자락이 유혹적으로 펄럭인다. 갑자기 명치끝이 허전하게 비워온다.

눈에 보이는 모든 현상은 그 순간이 지나고 나면 흔적 없이 사라지고 마는 환영이요 허상일 뿐인가. 모래 위에 찍히는 가슴 저린 사랑은 파도가 한 번 밀려나가고 나면 지워져 없어지고 마는 한갓 허구일 뿐일까. 도탑게 맺어진 인연과 아릿하게 스쳐간 모든 추억은 모두 어딘가에 모여 저들 나름으로 스러지지 않는 생명으로 다시 태어나 영원히 살아 숨 쉬는 소중한 어떤 무엇이 되는 건 아닐까.

우연으로 다가온 인연이 운명처럼 되는 건 무엇인가. 기왕에 그러하도록 정해져 있었던 필연이었노라 이야기하는 건 숙명론자들의 변설인가.

작은 사랑도 결코 작은 것이 아니요 스치는 눈빛도 결코 우연이 아니라고, 모두가 몇 겹에 이어지는 소중한 인과라는 나의 생각은 불교 쪽에 치우친 한갓 편견일 뿐인가. 아마도 희로애락, 미추호오美醜好惡, 시비是非 그 모두를 거부함 없이 받아들이는 어머니의 바다에 나와선 그런 연然 때문엔지도 모르겠다.

멀리 여인 하나가 걸어온다. 원피스 옷자락이 바람을 탄다. 머리칼에 떨어지는 석양이 오렌지색으로 빛나며 부드럽게 둥근 광배를 만든다. 어깨에 멘 커다란 쇼핑백이 밝게 햇살을 튕긴다. 모래 위를 걷는 걸음이 바쁘고 힘겹다. 아내다. 어찌 알

앉을까.

"어떻게 알고 왔어?"

대답 대신 싱긋 멋쩍게 웃으며 그 자리에 선다. 잠시 가쁜 숨을 고르더니 가방을 연다. 불쑥 내놓는 자수 한 폭, 20호 크기의 문방기명도文房器皿圖, 조심스럽게 펼쳐들어 자랑스레 내보인다. 오른쪽 위, 금빛 비단실로 시詩 한 수가 수놓였다.

김춘수의 〈꽃〉

내가 그의 이름을 불러주기 전에는
그는 다만
하나의 몸짓에 지나지 않았다

너는 나에게 나는 너에게
잊혀지지 않는 하나의 눈짓이 되고 싶다

"오늘 완성시켜서 가지고 왔어요. 이걸 하느라고…"
"이걸 하느라고 몇 달 동안 수요일마다 나다닌 거요?"

"그래요, 잘됐죠?"

"그나저나 내가 여기 올 줄 어떻게 알고?"

"수위양반이 그러데요. 바다에 가신다더라고. 바다라면 여기밖에 더 있겠어요? 강릉 쪽보다는 당신은 잔잔한 이곳을 항상 더 좋아하시지 않았어요? 숙소도 그렇고…."

한참을 말없이 서서 수를 들여다보는 내 얼굴에 열중하던 시선을 비껴 멀리 수평선을 바라보는 아내, 그제야 바다가 있고 하늘을 본 듯 화들짝 표정이 바뀐다. 놀란 눈동자에 장미빛 노을이 탄다.

바다와 하늘이 맞닿은 곳, 해무 엷게 피어오른 수평선이 그림처럼 아련하다. 불일이 불이 不一而不二, 하늘과 바다는 하나인가 둘인가. 부부란 둘인가 하나인가. 사랑은 눈도 귀도 깜깜절벽으로 어둡게만 만드는가, 아니면 밝게 틔우는가. 넓게 펼쳐진 바다가 빙그레 웃는다. 서해바다에 해가 진다.

도시락 데이트

토요일이면 나는 다시 가운을 입는다. 국내에 들어와 일하는 중국 동포를 진료하는 금천구 보건소의 임시직 의사가 된다. 아침 10시 창동역에서 1호선 전철을 타고 금천으로 출근한다. 어느 사이 1년이 됐다.

출근에는 매번 아내가 동행한다. 게다가 도시락까지 마련한다. 처음 출근할 무렵 매식을 한 게 탈이 나 심하게 고생한 뒤로 아내는 집에서 도시락을 싸고, 그걸 들고 함께 집을 나선다. 긴 출근 시간이 지루할 거라며 함께 차를 타는 아내의 심지가 매양 가슴을 짠하게 한다.

동료를 통해 진료 제안을 받았을 때는 거리가 멀어 망설이기도 했지만 진료시간이 1시부터 4시까지로 부담이 없을 듯해 흔쾌히 수락했다.

처음엔 출퇴근이 조금 고단하기도 했지만 몇 차례 다니는 사이 시나브로 익숙해져 지금은 오히려 토요일을 기다리고, 시간과 일을 즐기는 편이 됐다. 오가는 시간 책도 읽고 글도 마무리하다 보면 시간여가 삽시간에 지나간다. 우리는 이를 '토요일의 점심 데이트'라 부르며 하루를 오붓하게 보낸다.

4월 셋째 토요일, 창동역에서 탄 전철은 용산역을 지나기까지도 드문드문 빈자리가 보일 정도로 객실 안이 한산했다. 열차가 한강철교 위에 올라섰을 때, 보던 책을 덮고 강물을 넘겨다보는 내게 건너편 좌석에 앉아 가던 60 중반의 남자가 느닷없이 말을 건네 왔다.

"두 분 다 참 건강해 보여 좋습니다."

"?"

뜬금없는 찬사에 어리둥절해져 쳐다보자 그가 이어 생뚱맞게 넋두리를 한다.

"난 괜찮은데 집사람이 몸이 안 좋아요. 지금도 침을 맞고 오는 길이거든요."

하며 곁에 앉은 부인을 가리킨다. 푸석한 얼굴에 병색이 짙다.

얼마나 답답하고 애가 탔으면 처음 보는 사람에게, 그것도 전철 안 앞에 앉았을 뿐인 낯선 사람에게 하소연하듯 말할까. 대꾸라도 하는 게 도리일 듯싶어 병세를 물었다.

"어디가 어떻게 안 좋은데요?"

남자가 기다렸다는 듯이 벌떡 일어나 우리 자리로 오더니 길게 병세를 설명한다.

"집사람이 풍을 맞았어요. 뇌졸중이래요. 다행히 꾸준히 혈압약을 먹어 온 덕에 그나마 가볍게 왔대요. 아 그런데 그 담부턴 냄새를 못 맡는 거예요. 그러더니 식욕까지 잃더라고요. 통 먹지를 못해요. 병원에서도 별 뾰족한 방법이 없대요."

이야기하는 사이 전철이 독산역에 닿았다. 다음이 목적지인 금천구청역, 문득 D대 병원 이비인후과 주임으로 있는 친구 생각이 났다. 혹 도움이 될지 모르겠다는 생각에 서둘러 쪽지에 병원과 L 교수 이름을 적어 건네줬다.

전철을 내리며 시계를 보니 11시 30분, 시간이 넉넉했다. 천천히 걸어 역사 건너 안양천 변으로 갔다.

천변엔 봄기운이 가득히 흘러넘치고 있었다. 둑 아래 흐드러지게 핀 벚꽃은 그 위 길 따라 줄지어 선 플라타너스의 연둣빛 더불어 푸른 하늘 아래 한 폭 화사한 수채화를 이루고, 햇살 따사롭게 내려 반짝이는 너른 냇물에선 지난해 간 검둥오리들이 먹이를 찾아 부지런히 자맥질을 하고 있었다.

사람들도 봄이었다. 공터 농구코트에선 웃통을 벗어젖힌 소년들이 땀을 흘리며 공을 튕기고, 잘 정비된 천변 자전거 길에는 자전거들이 쌩쌩 날렵하게 달렸다. 평화로웠다. 봄이 가득히 생동하고 있었다.

아내가 자전거 길 옆 빈터 야외용 탁자에 도시락을 펼쳤다. 보온도시락과 따로 싸 온 두 개의 반찬 그릇에는 가짓수가 열은 됨 직 많은 찬이 정갈하게 담겨 있었다. 마늘장아찌, 명란젓, 계란말이, 소고기 장조림, 깍두기, 풋고추…. 오늘은 새로 두릅 샐러드가 추가됐다. 처음 대하는 찬이었다. 하나를 집어 맛을 봤다. 입에 딱 맞았다. 봄이 향긋하게 씹혔다. 내 눈치를 보며 아내가 속을 뜬다.

"장에 마침 울릉도 땅 두릅이 나왔기에…. 생새우를 넣고 잣을 갈아 소스로 묻혀봤는데, 간이 맞을지 모르겠네."

무슨 말이 듣고 싶었던 걸까, 아내는. 잘 만든 음식을 놓고 칭찬이 듣고 싶어 역으로 겸양을 떠는 건가 아니면 뭉긋거리며 얼른 평가하지 않는 내 속이 궁금했던 걸까. 은근슬쩍 에두르는 아내가 새삼 살갑다. 서둘러 대꾸했다.

"원 별소릴 다 하네. 맛만 좋구먼 뭘."

밥을 뜨다 말고 아내가 아까 전철에서 본 환자의 병이 무엇 때문에 생긴 거냐고 걱정스럽게 묻는다. 아차 싶었다. 그때야 내가 그 사람의 병을 너무 단순하게 보았다는 걸 깨달았다. 노인들에게 흔한 후각장애의 원인이 상기도의 바이러스 감염으로 콧속 후각 신경상피가 파괴되기 때문이기에 아까의 환자도 그리리라 섣불리 단정한 잘못을 순간 알아차릴 수 있었다. 음식의 향과 맛을 모르게 되었다면 뇌의 삼차신경계가 손상된 걸로 보아야 하고 당연히 뇌의 신경학적 검사를 위해 신경외과를 소개했어야 했다.

어떻게 하나. 본인에게 연락할 방도가 없으니 궁한 대로 L 교수에게 전화를 넣어 소개한 환자가 찾아오면 신경외과로 돌려달라고 부탁할밖에….

개운치 않은 내 기분을 눈치챈 아내가 민망함을 덜어주려는 듯 고개를 비끼며 딴청을 한다.

"오리들이 여기서 겨울을 났나 봐요."

염색한 자분치 뿌리가 하얗게 돋아난 옆 얼굴, 아내는 지금 지난해와 저지난해처럼 여전히 건강한가. 이제 함께할 날이 얼마나 더 남았을지 예측 못 할 서로의 나이. 언제 어떤 질병이 불쑥 건강을 앗아갈지 모를 노경. 주어진 오늘 하루가 얼마나 큰 축복이고 행운인지, 이 한 번 한 번의 도시락이 얼마나 큰 기쁨이고 행복인지가 새삼 절절하다. 벚꽃잎 하나, 아내의 어깨 위에 곱게 떨어져 얹힌다.

류 목사

 KTX 목포역 도착 2시 53분, 서울을 떠날 때의 계획은 우선 유달산부터 올라 다도해와 바다의 낙조를 차분하게 감상한 다음 그곳 산장호텔에 묵으며 보석처럼 아름답다는 목포의 야경을 오붓하게 즐길 참이었다. 하지만 다음날 가볼 섬을 알아보기 위해 찾은 역 구내 관광 안내소에서 '사랑의 섬 외달도 관광안내'란 팸플릿을 보자 생각이 달라졌다.

 '외달도'라는 섬 이름도, '사랑의 섬'이라는 별명도 하나같이 깜찍하고 장난스럽게 느껴졌다. 정말 사랑처럼 작고 예쁘고, 조용하고 뜨겁고, 수줍고 은밀할까. 10년 전 폐교된 분교가 지금은 민박집으로 쓰이고 있다고 했다. 섬의 분교란 어떤 느낌일까.

 멀지도 않았다. 뱃길 시오리, 50분 항해, 막배는 4시 반에 뜬다고 했다. 해안선 총 길이 4.1km, 면적 0.42㎢, 상주인구 79명에 총 가구 수 30. 조갑지처럼 앙증맞은, 동화책에나 나올 법한 요런 섬은 어떤 섬일까. 계획을 바꾸어 외달도행 배를 먼저 타기로 했다. 섬에는 어떤 사람들이 살까.

여객선 터미널까지 천천히 걸어 20분, 부두가 가까워지자 물씬 갯 냄새가 풍겨들었다. 짭조름한 고향 냄새, 용당포 포구에서 태어난 나에게 부두의 비릿한 지린내는 고향의 냄새고 유년의 냄새고 어머니의 냄새였다. 오래 타관을 떠돌다 허기져 돌아온 늘그막의 고향처럼, 부두의 갯 냄새가 나를 푸근하게 맞아줬다.

길 건너 노점상에서 굴 한 봉지를 사 들고 대기실 옆 벤치에 앉았다. 선창 너머 펼쳐진 푸른 바다, 배들이 가득 정박해 있는 부두 너머로 크고 작은 섬들의 낮은 능선들이 겹겹으로 이어져 해무 속에 아스라이 멀었다.

승선 시간이 가까워 한 남자가 곁에 와 앉으며 인사를 건네왔다. 50쯤으로 보이는 신중한 얼굴이 '류○○ 목사'라고 자기를 소개하며 명함을 내밀었다. 달섬 교회에서 목회를 맡고 있다고 했다. 초면의 낯선 여행객에게 댓바람으로 자기소개부터 하는 게 뜨악하긴 했지만 몸에 밴 의례적인 전도 습성이려니 여겨 내미는 손을 시들먹 잡아줬다.

배는 정시에 출항했다. 류 목사의 뒤를 따라 상갑판을 통해 뒤편 후갑판으로 갔다. 제법 널찍한 후갑판 로비에는 네댓 개의 이동용 플라스틱 의자와 탁자들이 어질더분하게 놓여 있었다. 의자에 앉으려던 목사가 되돌아 항해사 실로 들어가더니 커피 두 잔을 타가지고 왔다.

배가 목포 부두를 벗어날 무렵부터 시작된 류 목사의 이야기는 그가 달리도 선착장에 내릴 때까지 계속 이어졌다. 왜 하나님의 종이 되었는지, 이곳으로 오게 된 진정한 연유가 무엇인지를 간증하듯 - 나는 그의 말을 간증으로밖에 표현할 수가 없다 - 소상하게 들려주었다. 하도 이야기가 진지해 나는 그의 눈을 똑바로 응시하지 못했다. 멀리 지나치는 섬들과 흐릿하게 해무 피어오르는 수평선에다 눈을 주며 귀만으로 집중했다. 왜 그는 처음 만난 낯선 객에게 자기의 어두웠던 이야기를 고해하듯 들려주는 걸까.

목포 부두를 무대로 활동하는 폭력 조직의 똘마니로 불량학생이던 그는 결국 고등학교를 퇴학당하고 그 조직에 깊숙이 빠져든다. 조실부모한 그에게는 다만 홀로된 외할머니밖에 달리 피붙이가 없었다. 할머니는 매양 눈물로 그를 달랬지만 그의 생활은 고쳐지지 않았다.

그런 생활 3년쯤에 패싸움으로 크게 다쳐 입원한 병원에서 그는 고흥 출신의 간호조무사를 알게 된다. 그녀의 헌신적인 돌봄으로 몸이 완쾌된 건 물론 피어난 애정으로 그의 인생은 일대 역전을 한다. 조직에서 몸을 빼는 방법은 군에 입대하는 길밖에 없었다. 여자도 고아나 다름없이 자란 사람이었다.

장기 하사를 지원해 입대하여 전방생활을 했다. 비록 혼례를 올리진 못했지만 아내는 그에게 한결같이 헌신적이었다. 남매도 됐다. 아이들이 크면서 자신처럼 되지 않으려면 공부를 제대로 시켜야 하겠다는 생각이 절실해졌다고 했다. 궁리 끝에 결국 8년의 군 생활을 접고 사회로 복귀했다.

식솔을 데리고 광주에 자리 잡은 그는 기술을 배워 자립할 요량에서 금남로 뒷골목의 무허가 자동차 판금 공장에 취직했다. 흔쾌히 살림을 맡아 해주는 외할머니 덕에 아내도 걱정 없이 개인병원에 근무하게 됐고 아이들도 건강하게 컸다. 할머니는 아내를 섬기듯 귀애했다.

사내는 세상에서 아내가 제일 고마웠다. 외할머니의 정만을 겨우 받으며 큰 사내에게 아내는 세상에서 제일 고맙고 착하고 제일 예쁜 여자였다.

어느 정도 생활이 자리 잡은 데다 기술도 대략 익혀 이제 자립해도 되겠다 싶을 즈음 광주시민항쟁이 일어났다. 1980년 5월 17일, 일체 가담도 하지 않은 사내가 어이없게도 폭도로 구금되어 10년 판결을 받고 복역하게 됐다. 항쟁에 가담했던 민간인들이 그의 공장에 피해 들어왔다 체포되면서 사내도 그들과 함께 시민군으로 오인되어 일어난 억울한 불상사였다. 변명의 기회도 주어지지 않았다. 4년이 지나서야 겨우 사실이 판명되어 출소했다.

4년의 격리생활에서 사내는 아내가 자기에게 얼마나 소중한 사람이며 필요한 사람이며 참으로 성실한 사람인가를, 온 영육을 다해 자기를 아껴주는 사람인가를, 자신의 목숨보다도 더 자기가 사랑하는 사람인가를 더욱 뼈저리게 알게 됐다. 온몸의 모공 세포 하나까지도 다 아내를 그리워하고 고마워했다. 사내에겐 세상에 아내만 있으면 되었다. 비록 부부의 연을 맺고 산다 하더라도, 얼마나 많은 세상의 남편들과 아내들이 마음을 다하여 서로를 사랑하고 믿고 싶어하고 아늑하기를 진실로 그리워하는가. 하지만 그런 사이가 백에 하나인들 쉬울까. 사내에게 아내는 그랬다. 아내를 생각하고 있으면 어떤 지독한 외로움도, 그 어떤 고통도 견디지 못할 거라고는 세상엔 아무것도 없었다.

복역 중 사내는 또 한 번의 심경변화를 일으켜 기독교 신앙을 갖게 된다. 각고의 노력 끝에 그는 검정고시로 고등학교 졸업과 대학입학 자격증을 연달아 딴다. 신학대학 진학을 마음에 두고 출소할 날만을 기다렸다. 하지만 복역을 마치고 나왔을 때 그는 크게 갈등했다. 얼마간 저축한 돈은 애저녁에 바닥났고 아이들은 학원은커녕 한 주 두 번인 학습지조차 받아보지 못할 정도로 가정형편이 말이 아니었다. 외할머니의 노환이 발목을 잡았다. 그래도 아내는 그에게 신학대학 진학을 강하게 권유했다. 오기와 눈물과 아내의 헌신으로 그는 결국 4년의 학업을 마치고 목사가 됐다.

부인을 사랑하시나요? 배가 장좌도에 들어설 무렵 문득 목사가 나에게 뚱딴지같은 질문을 던졌다. 당황해서 머뭇거리며 고물 쪽으로 눈을 비키는 나를 아랑곳하지 않고 그가 이야기를 계속했다.

"목사가 된 지 어느새 20년인데도 난 아직 내 신앙이 반석처럼 굳은 건가 자주 자문하고는 해요. 하나님이 만일 나보고 당신과 아내 중 누구를 더 사랑하느냐, 천당과 아내 중 하나를 택한다면 어느 쪽을 택하겠느냐 물으면 나는 서슴없이 아내라고 대답할 나 자신임을 알거든요. 천당은 하나님이 계시는 곳일 뿐이지요. 내게는 다만 아내가 있는 이곳이 바로 천당이랍니다. 내가 정말 목사일까요? 참 신앙인일까요?"

어울리지 않게 쑥스러워하며 웃는 그를 보자 갑자기 인간적인 친근감이 생겼다. 담임목사가 이런 사람이라면 나도 편한 마음으로 교회에 나갈 수 있을 것 같았다. 얼마나 많은 목사와 장로들이 독선적이고 위압적이고 위선적으로 보였던가. 교인들은 또 얼마나 고집스럽고 맹목적이고 배타적으로 여겨졌던가.

왜 꼭 이런 외진 곳에서 봉사해야만 했느냐는 물음에 류 목사는 한마디로 도회지가 싫어서였다고 했다. 외지고 궁벽한 곳이면 어디라도 좋겠다고 생각하던 참에 이곳에 자리가 나서 온 것뿐이라고 했다. 아내가 흔쾌히 그의 뜻을 따라준 걸 지금도 깊이 고마워하고 있다고 말하며 물기에 젖던 목사의 눈이 선연하게 떠올랐다.

"교도소에 있으면서 기독 정치 경제학자 헨리 조지의 《진보

와 빈곤》이란 책을 읽었어요. 갇혀 있으면 시간을 보내기 위해서라도 책이라면 닥치는 대로 다 읽게 되지요. 그 안에 이런 구절이 있었어요.

> 그리스도교가 가르치는 것은 인간은 평등하며, 신은 아버지이고, 우리 인간은 모두 형제라는 것이다. 그 가르침은 문명사회를 지배하고 있던 무서운 폭력적 체제에 타격을 가했다. 노예들의 쇠사슬을 끊고 또 소수의 사람이 대중의 노동 위에 거만하게 앉아 온갖 사치에 빠지고, 노동계급으로부터 그 땀의 결정을 빼앗는 부조리의 사슬도 끊었다. 초기 그리스도교가 박해를 받았던 것은 바로 그 때문이었다. 또 그 가르침을 박해하는 것이 불가능하다는 것을 알았을 때, 지배계급이 일단 그것을 받아들인 뒤 그 뼈대를 제거해 버린 것도 바로 그 때문이다. 그리하여 그리스도교는 겉으로는 번성하였으나 초기 그리스도교와 같은 진정한 그리스도교가 아니라 부자들의 꼭두각시로 전락하고 만 것이다. 라는."

구조적으로 부자들에 영합할 수밖에 없는 도회에서 초기 기독교 정신을 실천하기란 불가능하리라고, 차라리 이런 궁벽한 섬이 '네 이웃을 네 몸같이 사랑하라.' 란 예수님의 말씀을 따라 살기가 훨씬 쉬우리란 생각에서 택한 것이라며 목사가 말을 맺었다. 달리도 선착장에 들어서며 배가 길게 고동을 울렸다.

달리도의 소금 사람

외달도 여행을 마치고 돌아온 나흘째, 목포로 회항하는 여객선의 상갑판에서 잠시 만났다 헤어진 초면의 종씨에게서 택배가 왔다. 지나가는 말처럼 그가 한 약속대로 30kg들이 천일염 한 포대를 잊지 않고 보내왔다. 자루 속에 든 새하얀 소금에서는 그의 성의와 신의가 잡티 하나 없이 깨끗하게 빛났다. 종씨를 처음 만난 율도의 연안 풍경이 눈앞에 선명하게 펼쳐졌다.

외달도를 출발한 배는 다음 기항지인 율도에 들러 관광차 왔다 떠나는 젊은이 둘과 내 나이 또래의 넥타이 차림 하나를 태웠다.

바로 상갑판에 올라온 넥타이는 다짜고짜 빈 의자 하나를 끌어다 내 곁에 놓더니 털썩 소리가 나게 주저앉으며 나를 보고 씩하니 웃었다. 말쑥한 차림에 어울리지 않는 무무한 행동거지에 경계심이 일만도 했지만 험한 인상이 아니었다. 따라 웃으며 고개를 끄덕여 인사를 되돌렸다. 어쨌거나 나그네란 누구에게나 겸손해야 하는 법, 여행자는 언제 어디서나 허허롭고 너그러워야 하는 법, 더구나 여기는 낯선 타향인데다 따뜻한 남쪽바다가 아닌가.

얼마 안 가 배는 달리도 근해에 들어가 섬의 연안을 지나치고 있었다. 물살이 머츰한 연안의 한 곳에는 고기잡이 작은 어선들 스무남은 척이 모여 조업을 하고 있었다. 지극히 평화로운 모습이었다. 듬성듬성 수상가옥들도 보였다. 뗏목집이라고나 할 익숙지 않은 주거 형태였다. 민물낚시를 다닐 때 저수지에서나 보곤 하던 물 위에 띄워놓은 천막 숙소, 수십 개의 빈 드럼통을 엮은 위에 널빤지를 깔아 넓은 공간을 확보하고 그 위에 판자와 스티로폼과 비닐로 집을 만들어 대충 기거하게 만들었다. 나머지 공간은 작업장으로 마침했다. 궁금했다. 우리나라에도 수상가옥이 있던가. 옆에 앉은 넥타이에게 정황을 물었다. 저건 집인가요? 사람이 사나 보죠?

"그럼요, 사람이 살지요. 부부가 함께 조업釣業을 하면서 열두 달을 상주하다시피 해요. 작업장이지요. 혼자는 못 움직이고 배로 끌어다 적당한 곳에 고정해 놓지요."

넥타이가 목소리를 높여 크게 설명했다. 햇볕에 그을린, 바닷바람처럼 거친 칼칼한 목소리였다. 또 물었다. 뭍에는 집이 없나요?

"아니지요, 뭍에도 집이 따로 있지요. 태풍이 온다든가 하면 험한 꼴을 당할 수도 있어 그런 때는 뭍으로 철수해 바람을 피하지요."

나그네에게 자기가 아는 걸 일러주는 게 신이 난 사내가 그들의 생활을 줄줄이 늘어놓기 시작했다. 통성명 없이 우리는 바로 구면이 됐다. 여행지에서 초면 인사란 쓰잘데없는 허례일 뿐, 묻고 답하는 모든 것에 수식이나 절차 따위란 전혀 필요 없는 사족일 터.

"히라시잡이가 주업이지요. 작은 민물장어 새끼를 히라시라고 해요. 실뱀장어죠. 우리나라 장어란 대만해역에서 부화해 실뱀장어로 자라면서 우리 쪽 연안으로 몰려와 월동하고 이듬해 2~4월에 민물을 따라 강으로 올라간답니다. 그놈들을 잡아 양식장에다 넘기는 거예요. 12월부터 3월 말까지 입빠이(가득) 일을 하면 수입이 2~3천만 원을 넘긴다고 해요. 어떤 해는 5천만 원도 올린다고 합니다. 짭짤해요, 솔찮은 수입이지요.

헌데 그게 문제예요. 히라시 그물은 그물코가 아주 촘촘해서 아무리 작은 고기라도 다 걸려요, 절대 빠져나가지 못하지요. 물론 불법이지요. 고기의 씨를 말리는 거나 한가지니까요. 한 번 그물에 걸렸던 고기는 놔줘도 살질 못해요. 다 죽고 말아요. 치어 남획이라고 단속을 해보긴 하지만 신안 앞바다에

만도 수백 척이니 손을 쓸 수가 없대요. 생존이 달린 문제라 모질게 단속도 못 하는 게 실정이랍니다."

넥타이가 잠시 숨을 고르는 사이 우리를 내다보고 있던 항해사가 커피를 들고 나와 둘에게 한 잔씩 권하며 곁에 앉았다. 아침 바닷바람에 마시는 공짜 커피 맛이라니. 마침 궁금하던 걸 항해사에게 물었다.

"달리도라고는 한자로 어떻게 씁니까. 순우리말 같기는 한데…."

"지도 한자로는 워찌 쓰능가 잘 모르것구만이라. 듣다봉게 나도 순 우리말이 아닐랑가 생각이 듭니다요. 좌우당간 눌도에서 바다로 달려나간다고 달리도라 한다는 말도 있고 슴이 반달처럼 생겨먹었다고 해서 달도라 부른다싸코-. 달도의 바깥에 있다고 '밖 달'(외달도)이라 한거슨 확실헌 거고."

커피를 한 모금 마신 사내가 항해사의 말이 끝나기를 기다려 하던 말을 이었다. 배가 목적지에 닿기 전 모두를 이야기하려는 조바심하는 낌새였다.

"그게 끝나면 그물코가 성긴 겉고기 그물(삼강망)로 교체를 하지요. 12월까지 하면 보통 3천에서 5천만 원을 번다고 합니다. 큰 고기도 잡혀요. 농어와 민어 따위, 때로는 엄청 큰 돔이 잡히기도 하지요. 그런 일도 모두 부부가 함께해야 돼요. 사람을 쓰면 그 인건비를 당해낼 재간이 없답니다."

사내는 식어버린 커피를 단숨에 마저 마시고 나서 하던 말을 계속했다.

"그물은 군산에서 마쳐오는데 히라시 그물은 80만 원, 걸고기 그물은 250만을 웃돈다죠, 아마. 쉬운 일이 아니지요. 들물과 썰물 때를 잘 맞춰 그물을 돌려놓아야 하는 작업이라 한시도 배를 떠날 수가 없어요. 한번은 국회의원 선거를 하는데 이곳은 인구가 적어서 한두 표가 당락을 좌우하기도 하잖습니까. 꼭 투표하도록 해야 할 자기 사람인데 어떻게 하겠어요? 백만 원을 주고 데려다 투표를 시켰대요. 덕분에 당선되긴 했다지만서도…."

궁금했다. 정치하는 사람인가? 직업을 물었다. 그제야 그는 주머니에서 지갑을 꺼내 명함을 건네준다. '광산염전 대표 오○○', 반가워라, 종씨라니. 본관을 물었다. 같은 해주였다. 무지 반갑다며 그가 새롭게 악수를 청해왔다. 통성명을 했다.

염전 사장이라, 어쩐지 말 품새에 짭짤하게 소금기가 배어난다 했더니 염전의 전주였구나. 화제를 바꿔 그가 하는 일에 관심을 나타내 물었다.

"지금도 소금을 만들기는 하는군요? 요즘은 소금을 먹어보면 쓰기만 해요, 중국산이 많아서 그런지…." 말꼬리를 헤무르며 그의 눈치를 살폈다.

"중국산이 아니더라도 가을 소금은 써요. 봄이나 가을엔 아무래도 햇볕이 약해 4~5일이 넘게 걸려야 소금이 구워지니깐 알갱이들이 물에 잠겨 있는 시간이 길어 자연 굳어지고 염도도 높아지지요. 소금은 6, 7월 소금을 써야 해요. 하루나 이틀이면 구워지지요. 그걸 써야 음식도 모두 제맛을 낸답니다. 장마 전후로 닷새 사이에 구워낸 놈이면 최상품이고요.

요즘 정치를 보면서 전 사람도 소금 같아야 한다고 생각하는 때가 많아요. 남의 윗사람 노릇을 하려면 소금처럼 끊임없이 자기를 정제해 나가는 것도 중요하지만 어떤 음식에도 기본적으로, 절대적으로 필요한 게 소금인 것처럼 꼭 있어야 할 사람이 되어야 한다고 봐요. 자기를 녹여 간을 맞추어 맛을 내고도 고춧가루나 마늘, 파처럼 자기를 나타내 보이지 않는 겸손한 자세. 그렇지 않습니까?"

그가 진지한 어조로, 그러나 웃는 얼굴로 나에게 동의를 구했다. 나는 긍정도 부정도 아니게 어물쩍 웃으며 고개를 끄덕여 주었다. 그것이 어찌 정치인에만 한할까. 하지만 이 좋은 바다 풍광에서 심각할 필요까지야 없겠다는 생각에 그에게 궁금한 상식을 물어 화제를 돌렸다. 중국산 소금하고 국내산은 어떻게 구별합니까?

화제를 바꾸게 된 게 차라리 잘됐다는 듯 더 바짝 곁으로 다가앉으며 마치 친지에게나 하는 말투로 자세자세 설명을 되뇌어 했다.

"가는 소금을 왼손 바닥에 한 줌 올려놓고 오른손 검지로 밀어내보면 손바닥에 하얀 성에, 왜 그 냉동실에 끼는 성에 같은 거 말입니다요. 그런 게 가는 실처럼 남지요. 그게 바로 중국

산이야요. 물에 넣어도 잘 풀어지지 않고요. 대번에 알 수 있어요. 그리고 꼭 알아두셔야 할 게 하나 있는데…."

귀에다 입을 갖다 대는 시늉을 하며 남이 들을세라 비법이란 걸 알려준다.

"가을 소금이라도 소금 포대를 밑으로 물이 흘러나가게 받쳐놓고 아가리를 풀어 벌린 다음 수돗물을 콩나물시루에 물 뿌리듯 살살 뿌려 흘러 빠지게 하세요. 15분 간격으로 세 번만 하면 쓴 기가 가시고 소금 맛이 순해지지요. 내 현장에 돌아가는 대로 바로 한 포대 보내드릴 테니 시험 삼아 해 보세요."

듣고 보니 비밀도 아니었다. 훌륭한 지혜일 뿐. 종씨는 장좌도에서 내렸다. 헤어지면서 그는 다음에 내려오면 꼭 들러달라며 나의 주소를 물어 수첩에 적고 나서 급하게 계단을 내려갔다. 바쁜 듯 보였다. 방향을 돌려 선착장을 빠져나오는 배의 고물로 갈매기들이 어지럽게 날아들었다.

승화 昇華

 의과대학에 입학해 문리대 뒤 예과 교실에서의 첫 시간은 꽤나 인상적이었다. 특히 맨 앞자리에 앉아 강의 시작을 기다리고 있는 낯선 한 녀석, 스포츠형으로 깎은 붉은 머리가 빳빳하게 하늘로 치솟은 녀석은 주위의 소란 따위는 관심도 없다는 듯 듬직해 남다르게 나의 눈길을 끌었다.
 남들보다 좀 더 먼저 알게 된 김인수는 너할 수 없이 호방한 성격의 부산 출신 경상도 사나이였다.
 한껏 풀어져도 좋을 예과과정이라 우리는 학업은 뒷전으로 고교 시절 억눌렸던 욕구를 마음껏 발산하며 저마다에 맞게 취미생활에 몰두했다. 공교롭게도 녀석과 나는 함께 예과 축구부의 멤버가 됐다. 선수로 뛰어본 중학교 때의 향수가 입시공부에 바빴던 고등학교를 건너뛰어 되살아나기는 녀석도 나와 매한가지였던 듯.

축구 말고도 돌체다 르네상스다 하고 음악 감상실을 번잡스럽게 드나들던 나와 달리 그는 운동장과 강의실 외에서는 얼굴을 쉽게 볼 수가 없었다.

졸업 후 군의관으로 월남엘 다녀와 근무하게 된 곳이 청주 육군병원, 반갑게도 그가 먼저 배속돼 와 외과 부서에 근무하고 있었다.

그때부터 둘이는 새롭게 낚시에 취미를 붙여 초평이니 백곡이니 사리니 하는 유명 낚시터를 편력하고 함께 생활하며 많은 이야기를 나눴다.

본래 고향은 함경도라는 것, 부산에도 서울에도 일가친척이라곤 단 한 사람도 없다는 것, 그래서 대고大故를 당하여 인천의 구월동묘지(현재 대단위 아파트가 됐다.)에 모시던 때도 조문객이라곤 너와 정우만이어서 무척이나 부끄러웠다는 것, 대학생활 내내 중고생 아르바이트로 생활했다는 이야기, 입학금과 등록금이 걱정은 되면서도 그래도 어떻게 되겠지 하는 낙천적인 희망은 버려지지 않더라는 이야기, 의사가 되겠다기보다는 더 오래 더 많이 공부할 수 있다는 게 좋아 의대를 지망했다는, 고등학교와 대학을 통해서 후회 없이 공부 한번 실컷 해 보았노라는, 정말로 배움이 고팠던 젊음.

재시험을 당할 때도, 축구시합에서 골을 먹을 때도 털털 호탕하게 웃으며 "캐 세라 세라다, 어이 모두 힘들 내라!"고 크게 외치며 주변을 독려하던 친구.

최고를 향한 도전만큼 멋진 게 어디 또 있느냐며, 대학의 합

격 방을 보는 순간의 짜릿함 하나만 가지고도 자기는 인생을 성공적으로 살았노라 말할 수 있다던 소박하면서도 당당하던 친구. 도전할 수 있는 우듬지가 있다는 건 두려움이고 스트레스이긴 할망정 어찌 보면 오히려 신에게 감사해야 할 축복받은 일이라던 가톨릭 신자.

 5월 말, 나보다 먼저 제대 특명을 받은 그는 나의 선친과 함께 초평 저수지에서 마지막 밤낚시를 하고 다음날로 청주를 떠났다. 잠시 강원도의 보건소장으로 가 있던 그가 9월 중순 느닷없이 고운 처자를 대동하고 운동화에 배낭 차림으로 나를 찾아왔다. 설악산으로 해서 동해안을 도보로 도는 신혼여행길이라며 처자의 손을 꽉 잡고 선 녀석은, 각시가 내 고등학교 2년 후배라며 자랑스럽게 신부 소개를 했다.

 대학병원에서 정형외과 전공의 4년 과정을 마치자 곧바로 용인에 병원을 개설하여 성공적으로 열심히 의사생활을 하던 그는, 모임과 친구들에게도 더없이 성실한 평범한 생활인이요 호방한 외과 의사였다.

 88년 7월, 병원 근무를 마치고 부인과 함께 승용차를 몰고 고속도로로 진입하던 그가 교통사고를 당했다. 운동신경이 남달리 뛰어난 그의 순발력 덕분에 부인은 갈비뼈 두 대만 금가는 경상으로 그쳤지만 자신은 치명적으로 다쳐 어이없게도 식물인간이 되고 말았다.

 그 뒤로 16년, 어엿하게 자란 아이들 셋 모두 제금을 나는 그 동안에도 그는 코에 끼운 튜브로 음식을 공급받으며 살아야 했고, 대소변도 나머지도 모두 부인이 돌봐야 하는 의식불명 상태로 누워 있어야만 했다. 오로지 숨쉬기 하나만을 저 스스로 하면서.

환자 특유의 냄새 하나 없는 방, 그 오랜 기간 몸에 욕창 하나 없이 보살핀 부인의 인고는 또 얼마였을까. 부부의 정인가, 그에게서 받은 사랑이 짐작하기 힘들 정도로 컸던 때문일까. 교육으로 배워 지니게 된 부도婦道일까 선대에서 물려받은 부덕婦德일까.

아니면 자기 한 몸의 위해危害 따위는 아랑곳하지 않고 부인의 생명을 지키고자 방어운전을 해준 것에 대한 고마운 보답인가. 처와 자식의 생활과 교육을 마련해 놓은 그의 경제적 배려에 대한 당연한 빚 갚음인가. 그도 아니면 신앙적 희생과 봉사인가.

추측할 수 있는 것과 없는 것 그 모두를 넘어선 측량 불허의 그 어떤 것, 누워 있는 그의 백발이 안쓰럽다. 다른 친구의 자녀 혼례식장 한 녘에 조용히 서 있는 인수 부인의 기품 있게 백발 진 온화한 모습에서, 인고하는 이의 성스러운 아름다움을 보며 감동해 보기도 하지만 그래도 마음 한구석에 이는 착잡함은 어쩔 수가 없다.

2004년 2월

도드람산

 버스를 내려 인사동 길로 접어들자 왁자한 사람 소리에 섞여 일본말이 심심찮게 귀에 든다. 어딘가 우리와는 약간 다르게 생긴 모습, 일인들이 긴장하지 않고 쇼핑을 한다.
 얼굴에 위엄을 띠고 느릿느릿 걸어가는 노숙자도 보인다. 저 하기에 따라 노숙자도 여기서는 격 다른 수도자처럼 그럴싸하게 보인다. 다른 곳에서라면 이상하게 보일 사람들이 개성 있게 꾸미고 당당하게 자기를 드러내 한몫을 하는 곳, 인사동은 매번 두리번거릴 재미가 있다.
 승복을 파는 집, 가짜 골동품을 그럴듯하게 진열해놓고 어수룩한 손님을 낚는 가게들, 생활한복도 여기서는 모두 예술품으로 무게 잡는다. 그림들, 민속 공예품, 음식점들도 옛 아취를 살려 제 나름의 특색을 뽐내보지만 맛과 멋은 거기서 거기.

골목을 빠져나와 안국동 큰길로 접어드는 모퉁이, 검은 옷을 입은 덩치 큰 사내 하나가 이젤을 앞에 놓고 돌막 위에 앉아 있다. 옆에 기대 세운 5호 크기의 달마대사 초상화엔 '20억 원'이란 정가표가 붙었다. 이젤에도 달마의 초상이 또 한 점 올려 있다. 보다 작은 그것에 더 눈길이 간다. 총기란 총기는 모두 모여 있으면서도 그럴 수 없이 맑은 눈. 고요한 눈. 살기도 음심도 욕심도 없이 텅 빈 해탈의 눈.

조선 시대, 서당에서 천자문 다음으로 아동들에게 가르친 계몽 편啓蒙 篇 말미에 구용九容의 내용이 나온다. 몸과 마음을 거두어 바로잡는 데는 이보다 더한 것이 없다 하여 특히나 중시해 실천하게 했다. 사념邪念 없이 맑고 총명한 눈은 구용 중 목용단目容端을, 엄숙하면서도 부드럽게 흐르는 기운에서는 기용숙氣容肅을, 활달하고 씩씩한 얼굴빛에서는 색용장色容莊을 보는 듯하여 잠시 호호탕탕 무변법계에 든다.

모여선 사람들의 눈은 그러나 그림에는 잠깐씩만 머물 뿐, 사내와 사내에게 모여드는 참새들에 집중돼 오래도록 떠날 줄을 모른다. 놀라웠다. 눈치 빠르고 겁 많기로 새 중에도 으뜸인 참새들이 사내의 무릎으로 어깨로 손바닥으로, 심지어 품으로까지 내려앉는다. 사내가 주는 모이를 부지런히 받아먹는다. 사내도 참새들도 모두 주위에 모인 사람들을 전혀 의식하지 않는다. 도심의 한귀퉁이에서 저들만의 한때를 무감하게 보내고 있다. 저렇듯 참새들이 경계를 풀 정도면 사내의 몸에서는 살기라든가 탐심 따위가 단 한 티끌도 없어야 할 거란 생각을 하며 한동안 그 정경을 넋 놓고 바라다봤다. 그것이 비록 깊은 수양이 아니고 사기邪氣의 모양새뿐인들 어떠하랴. 신기한 일이다.

20년도 훨씬 전, 나는 법정 스님의 《무소유》를 읽고 난 감동에서 강원도 쪽에 갈 때마다 무심히 지나치기만 했던 이천의 '도드람산'을 마음잡고 찾았던 날이 있다. 평야나 다름없는 곳에 높지 않은 산이 이름도 깜찍해 그렇잖아도 한 번쯤 오르리라 벼르던 산이었다.

도드라졌다 해서 '도드람'이란 이름이 지어졌나 했더니 멧돼지가 많아 그 울음소리에 따라 '돝(도야지의 옛말) 울음'이라 한 것이 변형되어 '도드람'이 되었노라고, 그래서 한자로 '저명산猪鳴山'이라 부른다고 가게 주인이 일러줬다.

산행기점인 주차장에서 가벼운 산책길인 3 등산로로 접어들어 모롱이 하나를 돌자 바로 아담한 계곡이 나왔다. 우선하여 나를 맞아준 건 뜻 아니게도 바람이었다. 아니, 바람은 멀리 건너편 능선과 계곡 안에서 불고 실제로는 바람이 소리만으로 나를 맞았다.

소리가 맑게 가슴으로 불어 들었다. 마치 법정 스님의 바람 소리처럼, 맑고 강한 여운으로 시원스레 불어왔다. 그 소리를 들으며 스님을 생각했다. 스님은 무엇으로 저 맑은 바람 소리를 낚았을까. 근기일까, 아니면 참선수행을 통한 부단한 정진일까.

 비어 있는 산속, 바람 소리에 온몸과 마음을 기울이고 앉아 오래도록 나를 돌아다봤다. 남은 반생은 무엇으로 어떻게 무엇을 낚을 것인가를 곰곰 생각했다. 버리고 비우는 것만으로 저 바람이듯 무애한 지경에 이를 수 있을까.

 스님은 처음 《무소유》를 발표한 이래 참 오래도록 그 맑은 바람으로 혼탁한 사회에 한 줄기 청정한 깨우침이 되고 곤핍한 많은 사람의 가슴을 다사롭게 다독여주었다. 나라고 예외일 수 없어 스님의 한 말씀 글 한 줄에 얼마나 많이 위로받고 깨우침을 얻었던가. 하지만 하 시끄러운 세상에 오래 뒹굴다 보니 이즈음에 들어서는 스님의 말씀조차도 공허한 공염불로 들리는 때가 많다. 때가 적지 아니 낀 듯하다.

 참새 더불어 즐기는 '검은 옷'의 사나이, 그는 어떤 성정을 지녔을까. 득도라도 했을까. 검박한 검은 옷 모양새가 순수 무구할 듯도 하고 공空일 듯도 했다. 그는 무엇으로 이 순수함을 낚았을까. 주위에 서서 구경하는 사람들에 대한 경계심도 걷고 모여드는 참새들의 믿음까지 계산한다면 그의 달마 그림이 20억 원만 할까. 나는 무엇으로 이 속진을 씻어내고 무엇으로 남은 생을 낚아야 할까.

 '불구부정 부증불감 시고 공중무색 不垢不淨 不增不減 是故 空中 無色'

더럽지도 아니하고 깨끗지도 아니하고, 늘지도 않고 줄지도 않으며, 고로 공 가운데 색도 없으며….

반야심경의 한 구절을 가슴으로 읊으며 묵연히 몸을 돌려 자리를 떴다.

2006년 2월

정육점

"당신 좋아하는 육개장을 끓이려는데…, 양지 좀 사다 줄래요?"

TV 앞에 앉아 채널 바꿈질을 하는 내게 아내가 고기를 사오란다. 에둘러 하는 아내의 명령(?)에 대충 챙겨 입고 집을 나섰다.

"당신이 좋아하는…."은 아내가 나를 심부름시킬 때면 으레 써먹는 18번 공식 레퍼토리다. 어쩌다 꾀를 부려 뭉그적거릴 양이면 주방에서 그릇 소리가 급작스레 요란해진다. 하여 나는 아내의 말이 떨어지기 무섭게 냉큼 일어나는 게 습관이 되었다.

어디로 갈까. 마트로 갈까 후문 앞 정육점으로 갈까 잠시 망설이다 정육점을 지나쳐 마트로 향했다. 마트를 가려면 5, 6분을 더 걸어야 했지만 정육점에는 들어가고 싶지 않았다. 지난

번 일 때문이었다.

　보름 전 그날도 아내는 "오늘 저녁엔 당신이 좋아하는…,"으로 운을 떼어 오늘처럼 내게 고추장찌개에 넣을 고기 심부름을 시켰었다. 곧장 일어나 정육점으로 달려간 시간도 오늘과 똑같았다.

　그날도 역시 주인은 들어서는 내게 인사는커녕 뭘 드릴까요, 하고 묻지도 않고 빤히 쳐다보기만 했다. 물으나 마나 양지 반 근이 아니겠느냐는 듯 넘겨짚는 주인에게 나도 질세라 고개를 외로 꼬아 딴전 부리듯 주문했다. "양지 반 근, 좀 넉넉하게요."

　주인은 그러면 그렇지, 하는 시큰둥한 표정으로 진열대에서 어른 큰 주먹만 한 고기 한 덩이를 꺼내 저울 위에 올려놓더니 값을 말했다. "만 이백 원인데요."

　'만 이백 원? 만 원이면 만 원이지 이백 원은 또 뭐람.' 나는 혼잣말로 구시렁대며 지갑을 꺼냈다. 지갑에는 달랑 만 원 한 장뿐.

　"만 원밖에 없는데…. 되겠죠?"

　당연한 듯 양해를 구하는 내 말이 떨어지기 무섭게 주인은 불문곡직, 봉지를 다시 풀어 고깃덩어리를 꺼내더니 얄팍썰기로 한 점을 싹둑 베어내 곁에 치워놓는다. 두께 2mm 사방 3cm, 어이가 없었다. 던지러워라. 아무리 이문을 바라고 하는 게 장사라지만 이렇게 이악할 수가 있나. 샤일록이 따로 없었다. 돌아서 나갈까 하다 참고 건네받았다. 아내의 심부름인 데다 그렇게 하면 까칫하기가 주인이나 다를 게 뭘까 싶어서였다.

머리 간판에 '산지 직송 소비자 직거래'라고 쓴 이 후문 앞 정육점을 우리는 이곳으로 이사한 이래 단골 삼아 다녔다. 거리도 가까웠지만 우선 값이 쌌다. 등심 이만 사천 원, 양지 만 오천팔백 원을 받았다. 그렇다고 질이 떨어지는 것도 아니었다. 상급의 한우만을 취급했다. 다만 한 가지, 주인의 불친절이 흠이었다. 마른 중키에 하관이 빠른 주인은 나는 물론 어떤 손님이 들어와도 어서 오세요, 하고 인사를 하거나 아는 체 웃지 않았다. 나갈 때도 마찬가지, 잘 가라든가 또 오시라는 말을 주인은 절대 하지 않았다. 항상 무표정했다.

벌써 세 해, 한 주 한 번꼴로 찾긴 해도 정육점 주인은 언제나 낯선 사람 대하듯 아파트 위층 이웃 대하듯 서름하게 대했다. 본래 그런 건지 일부러 그러는 건지 모를 표정이 때로 살천스럽기까지 했다.

낮고 건성진 목소리로 주인이 하는 말도 언제나 틀에 찍은 듯 똑같았다. "무얼 드릴까요?"와 "얼마치나 드릴까요.", 그리고 고기를 꺼내 싹둑 썰어 저울에 올려놓은 뒤 "얼맙니다." 하는 세 마디가 고작이었다. 어떤 날은 앞의 두 마디도 생략한 채 손님이 주문하기만을 말없이 서서 기다리는 때도 있었다. 과일가게니 세탁소니 문방구니 치킨집이니 하고는 이사하고 한 달이 채 지나지 않아서부터 단골이 되어 친근하게 지내고 있지만 정육점 주인만은 영 가까워지질 않았다. 그런 대접(?)을 받으면서도 그래도 나는 그 정육점을 꾸준히 찾았었다.

육개장으로 저녁을 먹고 나서 TV 앞에 앉았다. 뉴스 시간이었다. 정부의 친親 대기업 정책을 업고 재래시장과 동네를 파고드는 대형마트들과 위기에 처한 소형점포들의 실상을 현장 취재로 방영하고 있었다. 그 뉴스를 보면서야 나는 겨우 그 정육점 주인이 왜 그토록 야박하게 장사를 하는지, 왜 그리 건삽한 얼굴로 손님을 대하는지를, 그가 처한 상황을 대충이나마 짐작하게 됐다.

열 개 가까운 중·대 단위 아파트로 이루어진 동네 가운데에 자리 잡은 작은 정육점, 단지마다 중·소형 마트가 있는 이곳에 얼마 전 대기업에서 운영하는 대형마트가 들어섰다. 그렇잖아도 경쟁이 심한 터에 통 큰 세일이니 뭐니 하면서 저가공세를 하는 바람에 판매량이 현저히 줄어들었을 건 사실. 살아남으려면 그들보다 실감 나게 싸게 팔 수밖에 없을 터였다. 그러기 위해서는 산지에서 직접 구입해 오는 방법밖에 없었을 테고 그러다 보니 근량을 후하게 준다거나 값을 깎아주는 따위 여유는 엄두조차 내지 못했을 게 뻔했다. 대형마트와의 경쟁과 운영에 대한 불안으로 항상 긴장할 수밖에 없으리란 것을, 그것이 그에게서 말과 웃음을 빼앗았으리란 것을 짐작하기란 그리 어려운 일이 아니었다.

바람으로 부풀린 '뻥 과자'를 만들어 파는 대기업처럼 큰 이

득을 남길 생각은 언감생심 하지도 못하고, 중간유통이윤을 없애 저렴하게 판매하고, 항상 질 좋은 고기를 마련해 놓는 것 모두 생존을 위한 고육지책이 아닐까 싶었다. 마장동 시장에서 도매로 사도 한 근 만 사천 원하는 하는 양지를 만 오천팔백 원에 파는 걸 감안하면 이문도 별반 보지 못하리란 것도 쉽게 짐작할 일이었다. 강퍅하게 보일 만큼 융통성 없는 그의 상행위를, 이백 원을 깎아주지 않았다고 인심 사납다 매도한 건 물정 모르는 나의 이기적 독선이었는지도 모르겠다.

기업형 슈퍼마켓들을 월 2회 강제 휴무시켜 소형점포들의 매출을 유도한다지만 그게 과연 대안이 될까. 재래시장과 골목상권이 얼마나 살아날지도 의문이다. 이 휴무가 후문 앞 정육점에는 어떤 영향을 미칠까.

대형마트에도 문제가 생길 수 있다는 의견이 있다. 의무휴무로 고용과 생산농가의 납품물량 감소, 소비자들의 불편과 협력 중소업체들의 피해는 어떻게 해결할지도 고민해야 할 문제일 듯하다. 작금의 조령모개 하는 정부시책이고 보면 과연 그 법이 제대로 지속할까도 또한 의문이다.

어이없어하며 고기를 받아드는 나를 물끄러미 쳐다보던 정육점 주인의 눈이 떠오른다. 그때 그 눈은 이렇게 말하고 있지 않았을까 싶다. "산지에서 좀 싸게 가져와도 기름 떼고 심줄 잘라내고 나면 끽해야 1할 장사라고요. 200원 땜시 그리 고까워하지 마쇼. 마트에 가 봐요, 10만 원어치 산다고 10원 한 잎

깎아주나. 안 깎아준 게 아니라 못 깎아 준 거요."

다음번 아내 심부름을 할 때면 아마도 아니 틀림없이 나는 다시 그 정육점을 찾을 게 확실하다. 웃지도 않고 어서 오시라는 인사도 없을 주인에게 "양지 반 근만 주시오." 하고 천연덕스럽게 주문할 것이고, 그리고 값을 깎자는 말 따위는 꺼내지도 않을 것이다. 하긴 깎아주지도 않을 게 뻔하긴 하겠지만 -.

노변잡설 老邊雜說

 시간에 구애되지 않는 건 행복이다.
 여섯 시에 일어나건 여덟 시가 넘도록 늦잠에 빠져 있건, 잠을 깨고서도 자리에 그냥 누워 조간신문 등을 뒤적거려도 상관없는, 출근시간이란 게 아예 없는 한유는 노년의 특권이다. 물론 한밤중, 두 시에도 깨고 세 시에도 깨어 다시 잠들지 못하는 괴로움이 있긴 하지만 그거야 당연히 받아들일 수밖에 없는 노경의 생리현상이니 불평거리가 못 된다.
 그래도 시내 모임에 나갔다 오거나 저녁 산책이라도 한 날 밤에는 제법 이른 아침까지 곧잘 숙면한다. 그렇게 자고 난 아침이면 보너스라도 받은 듯 기분이 좋아지고 몸도 마음도 한결 가뿐해진다.
 오늘 아침은 일곱 시가 다 되어서야 깼다. 엊저녁 집 앞 성복

천을 따라 시간여 산책을 한 덕분인 듯, 숙면을 취한 머릿속이 씻어낸 듯 개운하다. 아내가 머리맡에 갖다 놓은 조간을 집어 읽다가 재미난 글 하나를 발견한다. 7월 2일에 관해 쓴 최재천 교수의 글 〈시작과 반〉, 바로 오늘이다.

7월 2일은 한 해의 중심이란다. 윤년이 아니라면 오늘을 기점으로 182일이 지났고 연말까지 정확히 182일이 남았단다. 그 글을 보고서야 유월이 지나고 칠월이 된 걸 안다. 가는 줄 모르고 한 해의 절반을 보내긴 했지만 아직 자유로울 절반이 온전하게 남아 있다고 마음이 한껏 늑장을 부린다. 칠십을 넘긴 백수의 나이에는 계절의 바뀜은 있어도 하루하루는 그렇게 명확하게 구분되어 있질 않다.

신문을 접고 일어나 앞 베란다에 나앉는다. 창을 통해 드는 바람이 삽상하다. 베란다 아래 정원에는 반송과 주목, 사철나무들이 볼품 좋게 자라 푸른빛을 뽐낸다. 어느 사이 우듬지가 3층 창턱에 닿게 자랐다.

정원에선 노인들이 손자를 데리고 나와 함께 산책도 하고 벤치에 앉아 하늘바라기를 하며 아침을 즐긴다. 더러는 어린이용 그네에 비집고 앉아 앞뒤로 몸을 흔들며 잠시 아이가 되기도 한다. 잠깐 웃는다.

아내가 베란다 작은 다탁에 아침을 차린다. 흑미黑米 가래떡 한 가닥, 달걀부침, 데친 브로콜리와 과일주스 한 잔. 전립선에 좋다는 토마토를 비롯해 치매 예방에 도움이 된다며 아내는 당근과 사과를, 거기에 비타민 C의 보고라는 레몬과 키위를 넣어 아침마다 주스를 만든다. 브로콜리는 항암에도 좋고 치매 예방에도 좋고 피부노화도 막아주는 등 두루두루 좋다며 거의 빼놓지 않고 식탁에 올린다.

식사를 끝내고 커피를 마시며 속으로 묻는다. 몸에 좋다는 음식만 챙겨 먹는다고 다 건강하고 모두가 장수할까. 그보다는 고루고루 먹되 소식하는 것이 더 옳지 않을까 싶은 게 이즈음의 생각이다. 일본 에도시대의 유명 관상가 미즈노 난보쿠水野南北도 관상보다는 심상心相, 심상보다는 식상食相이 더 중요하다며 '식食은 명命, 운명運命이다.'란 말을 남기지 않았던가. 하지만 그보다는 마음의 평온이 건강과 장수에 최우선이라고 지혜로운 이들은 곧잘 말한다.

삼복더위를 잘 넘기자며 벗들과 보신탕을 먹기로 한 날, 비가 오리란 예보에 우산을 챙겨 집을 나선다. 하늘이 잔뜩 흐렸다.

양재역에서 갈아탄 3호선, 빈 옆자리에 60대 초반의 아줌마가 철퍼덕 앉는다. 색깔 짙은 커다란 선글라스를 꼈다. 실내에서 웬 선글라스람, 그것도 흐린 날에. 왜 꼈느냐는 물음에 형광등 불빛 아래에선 쓰는 게 좋다고 천연덕스럽게 답한다. 그럴까. 동양인은 눈의 동자도 작은데다 홍채의 색깔도 진해 특별히 자외선을 차단해야 할 경우가 아니고는 교외에서도 실내에서도 선글라스가 필요 없는 걸로 알고 있는데…. 더더구나 나이가 들면 동공이 더 작아져 눈부심도 덜해진다지 않던가.

이해가 안 된다. 아마도 백내장 수술이라도 한 모양이라고 속짐작을 하며 궁금증을 거둔다. 어쨌거나 남들에 해書 되는 일은 아닌 터, 상관할 일이 아니다.

약속장소인 종묘 옆 보신탕집에는 김 국장도 김 동문도 이미 나와 나를 기다리고 있었다. 홀 안은 손님들로 가득했다. 원래 개장국은 속절俗節인 삼복三伏에 먹는 보양식이라지만 마니아들은 계절 불문으로 즐긴다. 더위로 허약해진 기력을 증진한다는 개장국은 《동의보감》에 이르기를 오장을 편안하게 하며 혈맥을 조절하고, 장과 위를 튼튼하게 하며, 골수를 충족시켜 허리와 무릎을 따뜻하게 하고, 양도陽道를 일으켜 기력을 증진한다고 했다.

독실한 불교 신자인 김 국장은 보신탕을 먹지 않는다. 나와 김 동문이 전골냄비에 코를 박다시피 먹어대도 자기 앞에 놓인 추어탕만 먹을 뿐 입도 대지 않는다. 가축 중에서도 가장 사람에게 충실하고 친근한 개를 어떻게 먹느냐며 외면하지만 우리가 먹는 걸 탓하지는 않는다.

고교 시절부터 친근하게 지내오고 있는 두 벗 다 성정이 착하다. 남과 다투는 법도 없고 큰소리 한 번 내는 적이 없다. 못마땅하면 얼굴을 붉히는 게 고작이다. 친구를 보면 인간의 본성이 착하다는 성선설이 맞겠다 싶어 고개가 끄덕여지지만 하지만 그간 살아오며 겪은 바로는 사람이란 나의 벗들처럼 그렇게 착하지만은 않다는 것, 그래서 나는 '본성은 굽이치는 물과 같아 동쪽으로 흐르게 하면 동쪽으로 흐르고, 서쪽으로 흐르게 하면 서쪽으로 흐르듯 인간의 본성은 처음부터 선이라고도 악이라고도 할 수 없다.'라며 성무선악설性無善惡說을 주장한 고자告者(고불해, 告不害)에 더 공감한다.

주룩주룩 빗소리가 흐무지다. 우정에 우정雨情이 더한다. 마음이 열리는 벗이 있다는 것, 그 벗이 아직 건재하여 언제고 만날 수 있다는 것, 내일을 계정하지 않고 오늘을 산다는 것의 참 의미. 선善도 불선不善도 비켜선 칠십 자리. 늙은 백성의 행복이요 종심소욕 불유구의 해탈 자리다.

벽제 하늘에 어머니를 여의고

4

막걸리 I
막걸리 II
위험한 남자, 유혹해보고 싶은 여자
매화 피는 뜰에
편지
미역국
유천
벽제 하늘에 어머니를 여의고

막걸리 I

아내의 술 취향이 백팔십도 달라졌다. 내 입엔 포도주가 맞아, 하며 십여 년이 넘게 시종 와인만을 고집하던 아내가 홀연 하루아침에 막걸리 애호가가 돼버렸다. 금년 들어 들불처럼 번지는 막걸리 붐이 아내에게도 어물 슬쩍 옮겨붙은 모양이었다.

원래 아내는 술을 못했다. 무더운 여름날, 산행을 마치고 내려와 맥주를 찾으면 지체 없이 대령하기는 하지만 그 쓴 걸 무슨 맛으로 마시냐며 곁에 앉으려들지도 않았다. 한 잔만 하라고, 혼자 무슨 재미로 마시냐며, 앞에 앉아 마시는 시늉이라도 해야 할 게 아니냐고 우격으로 억지를 부릴 참이면 마지못해 냉장고에서 과실주를 꺼내들고 와 겨우 한 잔 홀짝거리는 게 고작이었다.

그러던 아내가 중년 들어 대학동창모임이다, 아파트 엄마들 모임이다 하며 하루가 멀다고 뻔질나게 밖으로 나돌더니 어느샌가 사람이 달라져 소주도 제법 하는 호주숙녀好酒淑女가 되어버렸다. 하지만 그것도 잠시, 여고동창회 서무 일을 맡아 하면서부터는 은연중 격상하여 이 저런 술 다 마다하고 오로지 와인만을 마셨다. 하긴 와인에 빠지기 전 잠시는 복분자술을 즐긴 때도 있었지만 심장병 예방에도 효과가 있고 장수에도 도움이 된다는 이야기를 듣고부터는 더더욱 와인만을 편애했다.

명절이나 식구들 생일 때는 물론이요 별것도 아닌 조그만 일에까지 의미를 붙여 아내는 와인 판(?)을 벌였다. 베란다 창 밖으로 초저녁 비가 추적추적 가슴을 적시며 내린다거나, 앞 개울가 수양버들이 봄바람에 느실난실 춤추듯 한들거린다거나, 모처럼 곤줄박이가 산수유나무에 날아와 빨간 열매를 방정맞게 쫀다거나, 뭐 그런 하찮은 일 따위를 갖고도 아내는 냉장고에서 와인 병을 꺼내 들고 와 나를 거실로 호들갑스럽게 불러내 앉히고는 했다.

그냥 마시는 것도 아니었다. 앞산 마루로 해가 뉘엿이 넘어갈 때면 공연히 슬픈 감정이 든다며 그런 땐 가넷빛이 도는 레스 꽁플리스 드 뭐라나 하는 레드와인이 마음을 포근하게 달래준다는 둥, 달무리진 밤 촉수 낮은 백열등 불빛 아래에선 여운 은밀하게 과일 맛이 나는 진한 루비색의 까버넷 프랑이 기분을 한결 아늑하게 풀어준다는 둥 제법 로맨틱하게 사설을 늘어놓으며 한껏 분위기를 잡고는 했다.

그뿐이면 그래도 들어줌 직 하겠는데 이에 더하여 '와인은 신이 인간에게 준 가장 고귀한 선물'이라고 플라톤이 말했다는 둥, '와인 없는 식탁은 꽃이 없는 봄'이라고 서구인들은 말한다나 어쩐다나 하면서 그럴듯하게 유식을 떨 때는 이 사람이 진짜 배달민족의 후예가 맞나 싶게 뱉이 시나브로 뒤틀려지기도 했다.

그런 아내에게 돌연 지각변동이 일어났다. 지난 시월, 여고 졸업 오십 주년 기념여행으로 이박삼일 증도에 다녀오더니 하루아침에 막걸리 마니아로 어마지두 돌변하고 말았다. 사연도 간단했다. 첫날을 몇몇이 가져온 와인으로 기분을 낸 일행이 다음날 저녁엔 그중 두엇의 발의로 막걸리파티를 열었단다.

오늘이 자기가 막걸리를 사랑하게 된 지 팔십팔 일째 되는 날이라며(명백히 고백건대 세상에 하고많은 기념할 날 중에 이런 날이 생길 줄 난 꿈에도 예상치 못했다.) TV 화면 속 창극 〈춘향〉 공연 녹화 방영에 한창 넋을 빼앗기고 앉아 있는 내 앞에 막걸리 술상을 차려 놓으며 그날의 감흥을 녹음기 틀듯 재차 풀어놓는다.

"글쎄 난 막걸리가 그렇게 내 입맛에 맞을 줄은 정말 몰랐어요. 첫 잔부터 벌써 입에 착 달라붙어 혀에 달착지근 감기더라고요. 빛깔도 무던해 까탈지지 않고-. 와인은 어떨 때 보면 요염하고 매혹적이긴 해도 왠지 도도하고 차갑다는 느낌을 주지 않아요? 그에 비하면 막걸리는 꾸미는 것 없이 소탈해서 더 정이 가는, 정말 우리네 술이란 생각이 들어요. 탄산이 많이 섞여

서 그런지 시큼한 맛도 거의 안 나고요. 예전 것과는 사뭇 달라요. 안 그래요?"

동의를 구하는 아내의 시선을 관자놀이로 받으며 나는 여전히 TV에 시선을 고정하고 있었다. 화면에서는 바야흐로 사또의 분부를 받들어 한양을 향해 떠나는 이 도령을 남원 고을 밖 오리정 五里亭에서 기다렸다 만난 춘향이 한바탕의 넋두리를 애간장 미어져내리게 소리하고, 이어 월매가 건네주는 한 소 ~~주寒燒酒~~를 이별주로 따르는 장면이 나오고 있었다.

순간, 갑자기 눈앞이 뿌옇게 흐려지면서 화면에 옛날의 어느 한 장면이 오버랩되어 어른어른 떠올랐다. 주포면의 '월매주점'과 치마폭에 시큼한 막걸리 냄새를 은은하게 묻히고 서성이던 주모가 오리정을 배경으로 현실처럼 재현됐다.

월매란 별명의 주모와 사이에 있었던 일, 하긴 자신도 확신 못 하는 해프닝이라 고백하고 자시고 할 것도 없다고 스스로를 변명하며 비밀로 지켜오고는 있지만 누가 알랴. 우연한 기회에 다른 루트를 통해 비밀이 아내에게 알려지든가, 혹 취하여 비몽사몽 간에 발설하는 실수가 일어나지 않으리라고 누가 감히 장담하랴. 세상엔 밝혀지지 않는 비밀이 거의 없다고들 하지 않던가. 슬그머니 속이 켕겼다. 혹 알게 되면 아내는 어떤 반응을 보일까. 무슨 일이 벌어질까. 아득히 지나간 일이라고 그냥 흘려버리고 말까 아니면 보따리를 싸서 친정으로 가버리고 말까. 마침 기회도 좋으니 이 자리에서 고백을 하고 용서를 빌어?

아니다. 천부당만부당한 말씀이다. 암, 아니고말고. 증거불충분의 확실치도 않은 범죄는 고백하는 게 아니지. 공연히 긁어 부스럼이 될 짓을 왜 한담. 바보같이-. 가슴 저 밑바닥에서 그 옛날의 내가 회회 손사래를 친다.

열네 살 때, 빈속에 멋모르고 얻어 마신 막걸리 두 사발에 흠뻑 취하여 대낮 신작로를 비틀거리며 활보하고, 이틀 동안이나 인사불성으로 토하고 난리를 친 기억 때문에 막걸리를 멀리한다고만 알고 있는 아내. 하늘이 두 쪽 난다 해도 결코 발설 못 할 나의 이 막걸리에 얽힌 미스터리를 깊은 심호흡으로 뱃속 저 깊숙한 곳에 가라앉혀놓고 나서야 나는 평시의 얼굴로 아내를 돌아다봤다.

보일 듯 말 듯 발그레 뺨을 물들인 아내가 얄궂게 웃으며 나를 흘끔거린다. 맥맥한 눈길이 뜨끔하게 내 속 깊은 곳을 찌른다. 갑자기 추워진다. 얼른 막걸릿잔을 들어 올려 얼굴을 가리듯 한껏 기울여 벌컥벌컥 단숨에 들이켰다.

막걸리 II

  1973년 가을, 당시 전공의 3년 차이던 나는 정부의 무의면無醫面 해소책에 동원되어 충남의 한 작은 면 보건지소에 공중보건의로 근무하며 혼자 지내고 있었다.
  마을엔 찻집과 주가酒家가 각기 하나씩 있어 한 주일이면 서너 날씩, 일과를 끝내거나 저녁식사를 마친 동네 유지들- 우체국장, 파출소장, 농협지소장, 초등학교 교장 선생님, 면장과 동네 어른 두엇- 이 찻집에 모여 관내에 하루 일어난 일들, 해결해야 할 문제들을 담소하듯 논의했다. 한두 식경이 지나 대충 이야기가 마무리되면 으레 주당 서넛은 정례처럼 이웃 주점으로 자리를 옮겨 막걸리판을 벌였다.
  사십 이쪽저쪽일까 싶은, 아담한 키에 포실한 몸매를 한 주모는 알듯 모를 듯 다리 하나를 절었다. 하지만 불편을 느끼는 것 같지도 않았고 자신 또한 괘념하는 것 같지도 않았다. 대여섯 번을 드나들고 나서야 나도 그녀가 정상이 아니란 걸 눈치

챌 정도로 보기 언짢지도 않았다. 교통사고라고 했다.

　주점은 저녁 시간에만 문을 열었다. 혼자 사는 주모는 낮엔 읍내 시댁에 가 있다 하교하는 아들을 맞아 필요한 것들을 챙겨주고 난 뒤 들어와 가게를 열었다. 자정이 되면 어김없이 영업을 파했다.

　주모는 한결같게 한복 차림을 했다. 바깥나들이를 할 때엔 조금 밝은 색상의 한복을 입었지만 가게에서는 대부분 짙은 남색 치마에 치자색 저고리를 입고 일을 했다.

　여름 한철 텃밭을 가꾸느라 볕에 그을린 얼굴에 보조개를 파며 주모는 손님 누구라 할 것 없이 웃으며 맞았다. 단골이고 자시고가 없었다. 그렇다고 수다를 떨거나 나부대는 편도 아니었다. 손님상에 끼어 앉아 대작하는 때도 월매가 아니라 향단이처럼 새물새물 웃기만 했다. 가끔 재미난 농담에 웃을 때면 실낱 눈썹 아래 반달눈이 초승달로 감겼다. 그래도 주모의 최상 매력 포인트는 역시 가슴이었다. 탁상에 몸을 숙여 음식을 차릴 때 언뜻 저고리 섶 사이로 보이는 살품이 그렇게 매초롬 뽀얄 수가 없었다.

　첫 대면에서부터 주모는 낯설지가 않았다. 오래 알고 지내던 먼 전날의 이웃집 누이 같은 친숙한 느낌이었다. 전란 전 한 동네에 살던 사람이었나? 하지만 주모는 원래부터 이 고장 사람으로 여고를 졸업하고 대처로 출가했다 혼자되어 돌아와 주점을 한다고 했다. 그래서인지 손님 누구도 주모에게 하대하지 않았다. 주모도 모두를 심상하게 이웃으로 대했다. 어느덧 나도 단골이 되어 주막을 드나들게 되었지만 혼자서는 어쩐지 쑥스러워 여럿과 어울릴 때여야만 발길을 했다.

파견근무를 20여 일 남긴 2월 초, 나는 몇 대 선조가 호조판서를 지냈다는 윤씨 댁 열두 칸 고택에 왕진하게 됐다. 안방 깨끗한 금침 위에 자리를 보전하고 누운 노마님은 기침이 심한 데다 열이 높았다. 자세자세 청진을 했지만 다행히 폐렴으로까지는 진행되지 않았다. 며칠 동안 곡기를 거의 끊다시피 하신 터라며 아들이 영양주사를 원했다. 왼 팔뚝 혈관에 영양주사액을 연결하고 혹시나 싶어 항생제도 투여했다.

방에 들어서 인사를 드릴 때도, 문진에도 노마님은 눈을 감은 채 도통 입을 열지 않았다. 곁에 무릎을 꿇고 앉은 아들이 대신 증세를 이야기했다. 진찰할 때도, 혈관에 주사침을 꽂을 때도 환자는 이렇다 할 반응을 보이지 않았다. 기력이 쇠하여 그런 건지 아니면 양반댁 마님이라 감정을 드러내는 것에 익숙지 않아 그런 건지는 몰라도 아무튼 서늘토록 무감했다. 혹시 말을 못하시는 건가.

모든 처치를 마치고 일어설 쯤, 그제야 가늘게 눈을 뜬 노마님이 나를 손짓으로 불러 앉히며 베개 밑에서 빳빳한 지폐 두 장을 꺼내 불쑥 내밀었다. "받아가시게."

졸지에 당한 예상치도 못한 일에 당황하며 노마님을 쳐다봤지만 그때는 벌써 노마님은 다시 눈을 지그시 감고 처음의 서느런 얼굴로 돌아가 있었다. 조선 시대에 의사란 서얼이나 하는 중인계급의 직책이라더니 노마님에게는 아직도 '아랫것'으로 취급해 위엄을 보여야 한다는 의식이 남아 있었던 건가. 지긋한 연세와 종갓집 어른이 갖춘 품위에 대한 존경심으로 특별히 더 정성을 다하여 진료한 스스로가 문득 초라하게 느껴졌다. '선생님'이란 존칭을 받으며 기고만장하던 자부심이 급전 직하되는 고약한 기분이었다.

밖에는 해가 아직 한 뼘이나 남아 있었다. 논둑길을 따라 너른 앞 들판을 멀리 돌아 땅거미가 진 다음에야 나는 불 켜진 주점으로 후줄근하게 들어갔다.

손님이 아직 들지 않은 가게에서 주모는 안방에 앉아 화장을 고치고 있었다. 나를 본 주모가 오늘은 해가 서쪽에서 떴느냐 무슨 바람이 불었느냐 호들갑을 떨며 반색해 맞았다. 불빛 아래 내 얼굴을 본 주모가 웬일로 피부가 그리 까칠하냐며 대뜸 소매를 잡아끌어 불문곡직 경대 앞에 앉히더니 갑자기 누이라도 된 듯 자기가 바르던 크림을 손가락 끝으로 떠내 내 이마, 양 뺨, 코, 턱에 찍어놓고는 찬찬히, 부드럽게 문질러 넓게 펴 발라줬다.

그날, 온 저녁내 나는 안방에 따로 앉아 막걸리를 한 말이나 되게 들이켰다. 어느 사이 서창에 떴던 초승달도 지고 밤은 칠흑처럼 깊어갔다. 왜 손님은 그날따라 아무도 들지 않았을까.

어이없어라. 정신이 들어 눈을 떴을 때는 이미 이우는 해의 햇살이 서창으로 가득 비쳐들고 머리맡에는 식어 차디찬 해장국이 소반 위에 정갈하게 차려져 있었다. 이불을 걷고 옷매무새를 살펴보았지만 어제 입은 그대로 딱히 흐트러진 곳은 없었다. 정녕 아무 일도 없었던 걸까. 그 뒤로 이웃들과 어울려 네댓 번이 넘게 더 주점을 찾았지만 주모는 낌새를 챌 만한 별다른 표정을 지어보이지도 않았고 비밀을 공유하는 두 사람 사이에만 통하는 고 달콤하고 은밀한 눈길도 건네지 않았다. 평시나 다름없이 웃고 다름없이 말했다. 나 또한 그날 밤 기억을 더듬어도 도무지 어렴풋 아슴푸레하기만 했다.

약간 거칠고 통통한 손가락을 주물럭거린 것도 같고, 저고리 섶에 꼬꾸라지듯 얼굴을 파묻고 고 배릿한 땀 냄새에 반쯤 혼절한 것도 같고, 덤덤하게 마주 앉아 애꿎게 술잔만 비운 것도 같고-.

어쩌자고 나는 그날 밤 혼자인 걸 기화로 안방에 느긋하게 자리 잡고 앉아 호기롭게 말술을 들이켰을까. 딴 마음이 처음부터 있었던 걸까. 주모를 본 첫 순간부터 내 가슴은 나도 모르게 끓었던 걸까. 주모는 어떻게 지내고 있을까. 여전히 그 자리에서 영업을 하고 있을까. 떠나오며 써놓고 온 내 유치한 시를 정말 액자에 넣어 걸어놓고 초승달 애틋하던 그 밤을 떠올리고 있을까.

각시 적 내 임이 그린 실눈썹
그 밤을 못 잊어 달로 떠올라
구름 자락 살짝 들어 한 끝 내밀고
이 밤도 정분情分 내자 나를 부르네

다복솔 가지런한 서산마루에
그 저녁 지던 해가 붉었노라고
수줍은 듯 구름자락 끌어안더니
이 밤도 정분 내자 나를 부르네

밤 깊어 뒷산 숲 어둠 짙으면
옹달샘 맑은 물에 얼굴 씻고서
가지 끝에 올라앉아 꽃분 바르고
이 밤도 정분 내자 나를 부르네

위험한 남자,
유혹해보고 싶은 여자

 나이가 얼만데, 주책없이. 산길에서 만나는 유혹해보고 싶은 여자. 어김없이 곁에는 여자의 남편이 바짝 붙어 걷는다. 정년을 넘긴 듯싶은 남자와 50 초반으로 보이는 여자. 선명한 진달래 빛 등산재킷이 눈에 들어오는 순간 어느새 내 얼굴에 떠올랐을 사특한 표정을 감추느라 나는 조바심을 친다. 거리가 좁아 들어 그들과 지나칠 쯤이 되어서야 간신히 평시의 무덤덤한 얼굴로 대충 표정을 정리한다. 그렇다고 그들이 모를까. '사랑과 가난은 감추기 어렵다.'는 영국 속담이 속을 켕기게 한다. 사랑?

 여자는 조심스럽게 길을 비켜서며 남편 뒤를 따라 나를 지나쳐 간다. 내 존재를 의식하는 것도 같고 일부러 모르는 척 새침을 떠는 것도 같다. 하지만 여자의 다소곳 내리뜬 눈에서 나는 그녀가 나를 의식하고 있음을 분명하게 감지한다. 사람에게는 육감이라는 게 있지 않은가. 게다가 남녀의 감정이란 느낌이 고금 만고불변의 절대언어가 아니던가. 봄비처럼, 꽃내음처럼-.

영민해 보이는 쌍꺼풀진 눈, 차분한 표정. 수석 발레리나의 탄력 있고 경쾌한 걸음걸이. 균형 잡힌 몸매, 아담한 키, 여자는 은근하고 조용하다. 인사를 받고 건네는 탯거리도 예바르고 조신하다. 지성과 교양이 갖추어지지 않으면 절대로 저런 우아한 매력은 지니지 못할 터. 가냘픈 듯 포시러운 여자를 보노라면 심장은 저절로 급하게 뛰고 횡격막은 두 배로 빠르게 증폭한다. 위험한 낭만을 즐길 준비가 되어 있는 여자.

어제 내린 비로 산길이 잘착하다. 아파트 뒤로 오르는 낮은 능선길이 산책하기 마침하다. 왕복 시간여, 좁은 길 양쪽으로 리기다소나무가 울울창창 짙푸르다.

양지바른 기슭에 핀 진달래 분홍 꽃잎이 햇살 속에 상큼하다. 10년 만에 이 봄엔 꽃빛도 선명하다. 마른 덤불에선 꽁지긴 날렵한 산새 한 쌍이 흙을 헤집으며 모이를 찾는다. 새고 사람이고 한번 짝을 이루면 왜 저렇듯 꼭꼭 붙어 다녀야 하는지 공연스레 샘난다.

처음 본 순간 벌써 내게는 여자를 유혹하고 싶은 욕망이 구름일 듯 피어났다. 왜 그랬을까. 곁에 함께 걷는 남자가 부실해 보였던 탓일까. 사그라지지 못하는 수컷의 맹렬한 야성 때문이었을까. 분명히 말하건대 그건 그녀 탓이었다. 그녀의 몸과 탯거리에는 나이답지 않게 팽팽한 젊음이 유혹적으로 약동했다. 첫눈에 벌써 나는 온통 넋을 빼앗겼다. 아, 어찌하여 나는 이리도 도덕적이지 못한가.

알란 파큘라 감독의 〈네 이웃의 아내를 탐하지 마라〉는 영화를 보면서, 나는 주인공 남자의 음욕과 의지 박약을 얼마나 나무랐던가. 영화의 꾸며진 스토리일 뿐이라 해도 간음은 변명될 일이 아니라고 얼마나 분개했던가. 십계명의 일곱 번째 성구를 읽으며, 마태복음 5장에 있는 말씀 '……너희에게 이르노니 여자를 보고 음욕을 품는 자마다 마음에 이미 간음하였느니라.'의 설교를 들으면서 나는 얼마나 많이 "아멘! 주여!"를 되뇌이고 고개를 주억거렸던가. 그게 모두 위선이요 거짓 믿음이었던가. '육신이 연약하여…'로 변명될 일이던가.

그러는 한편으로는 린위탕이 한 말 "행복은 생물학적이고 관능적이다. 완전한 이성적 정신의 발달에서 오는 행위의 정확성에서 우리가 무엇을 얻는다면 그 대가로 인생의 재미와 연애감정을 잃어야만 한다. 세상의 남편이나 아내가 도덕적 모범이 되는 생활을 하는 것만큼 재미없는 일은 없다."로 자기 합리화를 하려 들기도 한다. 인생이란 어찌 이리 모순인가.

음심을 일으키게 된 데는 남자에게도 잘못이 있다고 슬쩍 자변한다. 도대체 허술하고 맥없어 보이는 외모부터가 잘못이다. 육체적으로도 정신적으로도 패기나 의욕은 다 빠져버린 빈껍데기뿐으로 보이는 걸음걸이, 선하게만 보이는 무방비의 표정. 과연 남자가 맞나. 저렇듯 매력적인 여자를 충족시켜줄 무엇을 남자는 지니고 있는 걸까. 남자에겐 정열이라고는 겨자씨만큼도 있어 보이지 않는다. 세상을 지배하는 건, 무엇인가를 이루는 건 이성이 아니라 정열이 아닌가. 사랑이 이성이 아니라 열정이라는 건 삼척동자도 다 안다. 의혹은 끝없이 이어진다.

공교롭게도 남자의 얼굴 모습은 허울뿐인 동갑내기 내 막내 외삼촌을 빼다 닮았다. 이름 높은 강남의 한 교회 장로인 외삼촌은 언제 봐도 항상 같은 얼굴, 같은 표정을 한다. 누굴 대하건 항상 똑같은 웃음을 웃고 똑같이 상냥하고 똑같이 공손하다. 배알이 있는 건지, 정말 친근해서 웃는 건지 사랑이 넘쳐서 웃는 건지 알다가도 모를 표정이다. 한쪽 뺨을 때리면 다른 쪽 뺨도 웃으며 내밀 듯한, 손만 내밀면 누구에게라도 가진 것 모두 내어 베풀 듯한 선한 얼굴. 도대체 외삼촌은 성실한 기독교인이라서 그런 건지, 호오好惡를 관장하는 감정중추가 아예 마비되어서 그런 건지 판별이 불가하다.

이 중요한 순간에 핸드폰이 울린다. 아내다. 빨리 내려오지 뭐하느냐고, 차려놓은 점심 다 식는다고 쫴침이 성화같다. 아하 그렇지, 아내가 있었지. 계면쩍다. 그나저나 아내는 어떨까. 아내 주위에는 나처럼 음심을 품는 고약한 사내가 진정 없을까.

이순을 넘긴 아내는 아직도 곱다. 60 넘어 애인이 생기면 가

문의 영광이라나 기적이라나 하는 우스개도 있으니 호시탐탐 기회를 엿보고 있는 거나 아닌지 혹 모를 일이다. 열심히 헬스클럽에 나가며 몸매에 신경 쓰고 옷차림에 깔끔 떠는 걸 보면 은근히 수상하다.

아니다, 정신 좀 차리자. 지금부터라도 수영도 하고 산도 더 부지런히 걸어 건강을 챙겨야겠다. 음흉한 사내가 아내를 넘보지 못하도록 육체를 강건하게 유지하고 감성을 풍요롭게 다듬고 정신을 고상하게 갖추어야겠다. 비록 수십 년을 함께 산 부부이긴 해도 나는 여전히 아내에게 감탄스러운 소양과 존중받는 인품을 지닌 씩씩하고 멋진 매력남이고 싶다.

아마도 나는 언제가 되어도 내 속을 여자에게 펼쳐 내보이지는 못할 것이다. 스무 살 나이에 생긴 '그리움 병'을 여태도 끙끙 앓는 주제에 새롭게 병을 얻으면 그를 어찌 다 감당하랴. 여자와는 시침 뚝 떼고 스쳐 지나치며 고개나 한 번 까딱하는 이웃으로 심상하게 지낼 것이다. 간만에 거 참 잘했다, 맘 한번 바르게 잘 먹었다고 안개 아련한 건넛산이 빙그레 웃는다. 그 여자 내일도 또, 산에 들까.

2008. 3.

매화 피는 뜰에

아파트 뒷산 중턱에 코스모스가 무더기로 폈다. 몇 해 전부터 한둘 피기 시작하더니 지난해에는 남향받이 대부분을, 올해는 동쪽 면 산자락을 온통 다 차지해 피어 꽃 둔덕을 이루었다. 누군가가 일부러 꽃씨를 흩뿌려 퍼뜨린 듯하다. 평소 주민들이 즐겨 오르는 완만한 산길이 코스모스가 핀 뒤로는 온 식구가 동반하는 가족 등산로가 됐다.

청명한 날 아침 느지막이 산엘 오르다 보면 홀연 다른 세계에 들어선 듯 잠시 어리둥절해지고는 한다. 코스모스 흐드러진 경사면 너머로 하늘이 파랗게 열리고, 그 위로 여린 흰 구름이 떠 흐르는 정경이 마치 어린 날의 꿈동산에 오른 듯 몽환적이 되기도 하고, 때로 김동리의 시 〈귀거래 행〉의 한 구절 속을 걷는 듯 무색계에 빠지기도 한다.

하얀 모랫내 건너/ 노란 들녘 지나/ 파란 솔 등 돌고/ 코스모스 헤치며/… 아아, 이렇게 고향에 다녀오듯/ 저승에서 이승으로 돌아올 순 없을까

이곳 산길에는 꽃이 많다. 봄이면 생강나무, 산수유를 시작으로 개나리, 벚꽃, 철쭉, 산나리가 피고, 여름이면 금계국, 쑥부쟁이에 이어 천인국, 붓꽃에 경성드뭇 옥잠화도 핀다. 꽃을 좋아하는 사람이 마음잡고 심었을 것이다.

집 베란다에 키우는 화분 꽃보다 나는 이렇게 야생으로 만나는 꽃을 더 좋아한다. 공간에 갇혀 있는 걸 못 견뎌 하는 들바람 같은 성깔 때문인 듯도 하고, 햇볕과 이슬을 모르고 피는 화분 꽃에 대한 애처로움 때문인 듯도 하다.

꽃을 좋아하는 사람은 성정이 여성적이라고 벗들은 가끔 나를 농하여 웃는다. 무슨 남자가 그리 꽃을 좋아하냐고, 그런 남자는 여자도 좋아한다고 실없이 말하여 좌중의 웃음감이 되기도 한다.

한택식물원에 갔을 때다. 정신없이 꽃밭을 헤매는 나를 보던 한 동행이 우스개를 했다. 진득이 한 꽃에 집중하는 게 아니라 이꽃도 좋다 하고 저꽃도 좋다 하니 무슨 남정네가 눈길이 그렇게 헤프냐. 그러니 분명 정 또한 그렇듯 헤프다 하지 않느냐, 지조인들 있겠느냐며 농담 삼아 면박을 줬다. 변명할 일

이 아니어서 그냥 웃고 말았다.

하지만 그 뒤로 겪은 일은 단순히 우스개로만 끝나지 않았다. 고등학교 동창 홈피에 두어 차례 어줍은 시를 올리면서 꽃을 두고 '그니' 타령을 했더니, 엉뚱하게도 '그니'가 누구를 지칭하는가 억측을 낳는 어이없는 일이 일어났다. 남녀 공학이라는 특성으로 가끔 일어나는 해프닝이려니 여겨 달리 해명하지 않고 침묵하여 지나쳤다. 그 저런 일로 하여 그로부터 나는 정말 지조 없고 정 헤픈 남정네로 아예 낙인찍히고 말았다.

아, 나는 얼마나 실없는 남정네가 된 것인가. 남들 눈에 그렇게도 정 헤프고 지조 없는 사나이로 보였던가. 타고난 성정 때문인가 아니면 혹 전생에 이꽃 저꽃을 농하여 날던 나비이기라도 했던 걸까. 지금껏 그를 지루하게 꼬투리 잡는 물색 모르는 친구가 있어 그를 대할 때마다 내 진정 실없는 남자인가 자문하기 한두 번이 아니다.

하지만 나는 꽃이라 정말 다 좋아하지만은 않는 나를 안다. 속 깊이 그리는 꽃은 다만 하나, 북풍 설한을 이기고 피는 매화뿐인 것을 나는 진즉부터 알고 있다. 뭇 꽃들과 매화를 향한 나의 이러한 편벽은 어쩌면 근원(김용준, 近園 金瑢俊, 1904~1967)의 그것과도 참 많이 흡사하고나 무릎을 쳤던 적이 어림하여 수삼 차례다.

근원은 매화를 특히나 좋아했다. 하면서도 그는 꽃이면 다 좋은 거지 어찌 매화만 좋으란 법이 있느냐고 반어를 썼다. 그러고는 곧이어 그는 대책 없이 매화만을 칭송하며 정이 드는 데야 무슨 조건이 필요하냐며 슬그머니 그 편애를 변명했다.

내가 가림 없이 이꽃 저꽃을 기웃거리게 된 이유 또한 이와 어슷하여 가슴속 깊은 곳에 치유되지 않는 아픔 하나가 자리하기 때문이다. 혹한의 한겨울, 아끼던 매화가 어이없게 꺾여 내 뜰을 떠난 뒤로 나는 한동안 그 상실의 아픔에서 헤어나지 못했다. 얼마나 많은 섬섬초월纖纖初月의 요요한 겨울밤을 그 붉은 꽃빛 어우는 암향에 아득히 젖어 희희낙락하였던가.

그 뒤로 문득 매화가 그리우면 혹 어느 꽃이라 비슷한 향이라도 맡을까 허둥거리기도 하고, 절기 아니어도 고궁의 뒤뜰로 매화를 찾아 불쑥 나들이를 한다. 비록 매화 내 뜰을 떠나고 세월 또한 무정히 흘러 이제 그 뜰마저 사라졌어도 나는 여전히 매화를 못 잊는다.

지난 3월, 천리포수목원의 초가집 뒤뜰 울 옆 홀연 마주친 홍매의 그 타는 듯 붉은 열정이 문득 사무쳐 나는 이 만추의 계절에 다시 또 철부지로 고궁을 찾는다. 대조전大造殿 뒤뜰로 매화를 보러 간다. 하지만 매화는 필 염을 갈무린 채 자는 듯 무심하다. 거친 등걸로 외면하여 응달 속에 스스럽다. 하릴없이 돌아서 나오는 발길 저편, 낙선재로 이어지는 모퉁이에 영산홍 두어 송이가 애살스럽게 피어 가을 궁이 스산하다.

2007. 11. 창덕궁에서

편지

 첫눈에, 그녀였다. 처녀 때 그대로의 가냘픈 몸피, 짧게 커트한 곱슬머리, 일자 눈썹 밑에 맑게 반짝이는 눈. 40년 세월은 간데 온데 없었다. 또박또박 걷던 걸음을 드티며 그녀가 누군가를 두리번거리며 찾았다. 눈을 빛내며 조바심하듯 찾는 사람이 나라는 사실이 순간, 직감으로 다가섰다. 뒤를 따라 오감이 진동자처럼 떨렸다.
 식대를 내느라 일행 뒤에 처져 식당 안에 남아 있던 나는, 숨이 멎었다. 그냥 그 자리에 얼어붙은 채 손끝 하나 까딱 못하고 서서 앞 유리창을 통해 망연히 그녀를 바라보기만 했다. 오래오래 바라고 기다리며 꿈꾸던 우연한 해후의 순간이 바로 지금임을 나는 금세 알아차렸다. 와락 달려나가고 싶은 건 마음뿐 몸은 바윗덩이라도 된 듯 움직여주질 않았다. 목이 탔다.
 피하듯 얼굴 마주치는 일 없이 40년 세월을 보내고는 있어도 남녀공학인 고등학교를 함께 졸업한 사이라 그녀와 나는 서로의 근황에 관해 거의 모르는 것이 없었다. 동창 홈피와 분기마다 나오는 회보, 그리고 입들을 통해 동기들 모두의 행동반경과 생활상은 남우세스러울 정도로 낱낱이 서로에게 자세자세 알려지고 있었다. 그녀가 이 동네에 산다는 것을 내가 진즉부터 알고 있듯, 매주 월요일마다 이곳 고교 동창회 건물 강의실에서 선후배 동창들과 함께 두 해째 중국 고전을 수강하고 있다는 따위 나의 동정을 그녀가 모를 리 없었다.

그녀는 한 번 더 저만치 멀어진 내 일행들의 면면을 미진한 듯 살피고 나서 서릅하게 몸을 돌렸다. 그들 속에 내가 있지 않은 걸 의아해하는, 실망스러워하는 표정을 감추려 하지도 않았다. 돌아서며 가볍게 비트적하는가 싶던 몸을 바로 추슬러 세우고 오던 골목길을 또박또박 다시 걸어 올라갔다.

그녀의 남편이 도량이 넓고 그녀처럼 조용하고 착한 사람이라는 이야기가, 아들이 전공의 과정을 마쳤다는 이야기가, 집 안 가득 갖가지 기화요초를 키우며 아름답게 산다는 이야기가, 이야기 이야기들이 두서없이 튀어 올라 귓속을 윙윙 먹먹하게 울려댔다. 순간은 그렇게 지나갔다. 그녀의 가장 친한 친구 중 한 사람인 J의 친정어머니 상사에 문상 갔던 열두 해 전의 그날처럼 가슴이 다시 또 막막하게 흐려왔다.

6월 초쯤이던 문상하던 날, 지하철역을 나와 빈소가 있는 W아파트까지 가는 내내 나는 사위스럽게도 고인을 추모한다기보다 '그녀와 마주치는' 것만을 열심히 생각했었다. 빈소에 먼저 와서 앉아 있지는 않을까. 어쩌면 길에서 오다가다 마주칠지도 몰라. 만일 없다 해도 한 서너 시간 죽치고 앉아 있으면 틀림없이 그녀를 볼 수 있을 거란 생각에 초여름의 풍성한 가로수 잎들도, 푸르른 하늘도 눈에 들어오질 않았다. 자연스러운 척 만날 기회가 이보다 더 좋을 때가 있을까 보내며 시간까지 꼼꼼히 계산하여 주부들이 한가하게 나들이하기 좋을 2시로 잡았었다. 아파트로 가는 멀지 않은 길을 아주 느릿느릿 걸었다. 하지만 빈소에 도착하기까지 그녀와 마주치는 요행수는 일어나지 않았다.

  빈소에도, 거실과 방 둘 어디에도 그녀는 보이지 않았다. 조바심하는 내 속을 눈치챈 J가 과일과 음료를 가지고 곁에 와 앉으며 넌지시 그녀가 다녀갔음을 말해줬다. 30분쯤 됐다고 했다. 이야기를 듣고 나서도 한동안, 행여 그녀가 앉았다 갔을 구석 쪽 자리에 상기 흐릿한 음영이라도 남아 있지 않을까 헛되이 더듬다 아쉽게 상가를 나왔다. 집으로 오는 내내 나의 망막에는 검은 정장을 단정하게 차려입었을 다소곳한 그녀의 영상만이 계속해서 떠올랐다. 불과 십여 분의 차이, 속절없이 사라진 두 번째의 기회였다.

  첫 번째 기회는 그보다 8년 전에 있었다. 인천에서 개원하고 있던 나는 해마다 열리는 연말 동창회 모임에는 거의 참석을 못 했다. 40 중반, 마침 그해의 동창회는 주말에 열려 모처럼만에 나도 참석할 수 있었다. 식이 시작되고 얼마쯤 지났을 때,

평소 보다 가깝게 지내는 친구 K가 곁에 와 앉으며 넌지시 그녀의 참석을 알려왔다. 하지만 나는 감히 고개를 돌려 그녀 쪽을 쳐다보지 못했다. 단상만 주시하며 회의에 열중하는 듯 가장하여 자글대는 속을 태연무심 숨겼다. 모임이 끝나 흘낏 그쪽을 살폈을 때는 이미 그녀의 테이블은 텅 빈 뒤였다. 다음날 전해들은 이야기는 더 아프게 가슴을 후볐다.

홀에 들어서는 내 모습을 발견하는 순간 그녀의 얼굴은 새파랗게 굳어졌다고 했다. 모임 내내 말을 잃고 앉았던 모습이 보기 딱했던 곁의 친구들이 식이 끝나기 무섭게 그녀를 호위하듯 감싸 서둘러 홀을 빠져나갔다고 했다. 생각 없이 모임에 나타나 미안했노란 가슴속 혼자하는 말 한 마디가 어찌 위로가 될까. 그 뒤로 그녀는 동창회에 더는 나타나지 않았다.

보는 순간 온통 넋을 빼앗긴 고교 독서모임에서의 첫 상면, 가을의 관악산행, 두물머리 강변 나들이, 대학 1년 겨울방학 중 눈 내리는 늦은 저녁의 첫 방문과 그녀의 정성스럽고 깔끔하던 상차림, 식구들과 함께하던 저녁식사, 여름방학 내내 하루도 거르지 않았던 정릉 골짜기로의 데이트. 어느 때 어느 경우에도 상대를 배려하고 뜻을 거스르지 않던 그녀의 온순함.

낙엽 쌓인 창덕궁 뜰, 더운 입김에 발갛게 볼을 물들이며 선 그 아이의 눈동자는 그대로 높푸른 가을 하늘이었다. 구름 옅게 흐르던 투명한 눈동자를, 비췻빛으로 그윽하고 신비롭게 물들던 눈동자를, 시간이 정지된 순간이 지나고 눈을 떴을 때,

온통 하늘빛 너른 호수가 되어 있던 고궁의 가을 뜰을, 몇 숨이 지나서야 환영 속에 부용정과 나무들이 제 모습으로 나타나던 그 선열禪悅의 순간을 내 어찌…. 하지만, 어이없고 어리석은 나의 실수로 뜰은 저물고 봄은 다시 오지 않았다.

해마다 4월이면 대조전 뒤뜰에 어김없이 옥매화 화사하게 피듯, 내 눈엔 그리움이 아릿하게 핀다. 해마다 가을이면 부용지 짙붉게 단풍 들듯, 내 뺨엔 그때의 붉은빛이 또 어김없이 되살아나 속 태우기를 한다.

그런 날들이면 나는 표지 누렇게 바랜 《묘법연화경》 갈피에 끼워둔, 양면 괘지에 쓴 부치지 못한 편지 하나를 꺼내 든다. 그리고 흑백사진 한 장. 낙선재로 내려서는 길목, 영산홍 가득 핀 화단 앞에 그녀가 여전한 모습으로 서서 잔잔하게 웃고 있다. 그녀의 조용한 행복이 가슴을 적셔온다.

미역국

 그냥 끓이면 되는 줄 알았다. 이제까지 내내 그렇게 해왔다. 닭백숙을 해 먹고 남은 국물에 마른미역 한 줌을 씻어 넣고 끓이는 게 내 미역국 노하우였다. 손녀를 데리고 사는 이래 나는 그렇게 미역국을 끓였다.
 별게 다 내력인지 손녀도 제 아비를 닮아 닭요리를 좋아한다. 그중에도 튀김을 특히 좋아해 내가 집을 비우기라도 할 참이면 옳다구나 하고 한결같게 닭튀김만을 사다 먹는다. 사춘기인 나이답게 먹성이 이만저만 좋질 않다.
 과일보단 육류를 더 좋아하는 아이, 외국에 나간 제 부모와 떨어져 조부모인 우리와 함께 지낸 지 3년째로 접어드는 손녀. 허전할 속을 조금이나마 달랠까 하여 나는 한 달 두서너 차례는 닭요리를 한다. 아내는 주로 닭볶음을, 나는 백숙을 한다. 끓이기가 간편한데다 기름기를 덜 먹일 요량에서다. 아내가 백숙을 별로 좋아하지 않는 탓에 마트에서 토종

닭 큰 것 한 마리를 사면 손녀와 둘이 대충 배부르게 먹는다.

손녀의 열일곱 번째 생일 하루 전날, 허리 병이 도져 와병 중인 벌곡 장모에게 가 있는 아내에게서 전화가 왔다. 내일이 아이 생일인데 미역국을 해 먹일 수 있겠느냐고-. 평소 끓이던 이력(?)을 떠올리며 벌써 수십 번을 끓여 이골이 난 터인데 무슨 소리냐고, 사람 어떻게 보느냐고, 걱정 비끄러매고 장모님이나 잘 돌보라는 대꾸로 전화를 끊었다.

내년이면 성년이 되는 아이. 미성년의 끝 생일. 이제 제 부모가 돌아오면 내 품을 떠날 아이. 생일 미역국을 제대로 끓여주기로 했다.

중간 크기 스텐 냄비에 뼬을 뺀 다시 멸치 일곱 마리를 볶고, 사각 다시마 석 장을 씻어 넣어 국물을 냈다. 양지 한 덩이를 따로 접시에 담아 냉장실에 넣어두고 마른미역을 꺼내 조리대 위에 챙겨 놓은 뒤 잠자리에 들었다. 마른미역은 5분만 불리면 열 배로 늘어나고, 그걸 물기를 빼 소고기, 참기름 조선간장과 함께 볶아 육수에 끓이면 되는 일. 그만 자고 5시에 일어나도 충분할 터였다.

걱정이 됐던가, 3시 반에 깼다. 다시 잠을 청하기도 뭣해 차라리 잘됐다 여기고 컴퓨터를 켰다. 인터넷에 들어가 미역국 끓이는 다른 비법이 없나 하나하나 검색했다. 있었다. 그중에서도 시모 생일상을 준비하면서 며느리가 끓였다는 방법이 그럴싸해 그걸 따라 하기로 생각을 바꿨다.

마른미역을 찬물에 한 시간 불렸다가 뽀독뽀독 씻어 소쿠리에 담아 물기를 뺀 다음 5cm 크기로 잘라두고, 양지도 30분간 찬물에 담가 핏물을 뺀 뒤 먹기 좋은 크기로 잘라 참기름 큰 한 술과 국간장 큰 두 술로 조물조물 무쳐 30분을 재웠다. 냄비에 재워 둔 고기를 넣어 겉이 익을 정도로 볶다가 미역을 넣고 푸른빛이 날 때까지 잘 볶아줬다. 여기에 육수를 붓고 껍질 벗긴 양파 하나를 통째로 넣어 중간 약불에 시간 반을 끓인 다음, 양파를 건져내고 한소끔 더 끓였다. 물이 졸아들 때마다 두어 번 새로 물을 보충해가며 끓이고 굵은 소금으로 간을 맞추었더니 국물이 뽀얗게 우러나면서 여간 먹음직스럽게 되지 않았다. 한술 떠 맛을 봤다. 개운했다. 진국이었다.

 딸이 가져다준 명란젓을 곁들여 차린 생일상 앞에 앉은 손녀가 "잘 먹겠습니다." 한마디 하더니 부지런히 수저를 놀린다. 맛있단 소리도 없다. 잘 먹어주는 게 뿌듯하면서도 한편으론 밉살스럽다. 맛있다면 어디 덧나냐, 멋대가리 없는 녀석. 사춘기라니!

 마주앉아 식사하면서 나는 동생들이 태어날 때마다 먹던 미역국을, 대학병원 산과병동 분만실에서 먹던 미역국을 부지불각 떠올렸다.

 어머니가 동생들을 여섯이나 낳는 통에 나는 일찍부터 미역국에 익숙해져 자랐다. 동생들이 태어날 때마다, 나와 그 동생들의 생일 때마다 미역국을 먹어왔지만 나는 별로 미역국에 길들지 못했다. 멸치 몇 마리로 끓인 밍밍한 국이 열흘이고 보름이고 줄곧 상에 오르다 보면 나중에는 냄새만으로도 속이 메슥거려 아예 밥상에 앉으려 들지도 않았다. 찝찔한 소금물 맛만 난다고 투덜거리거나 국에 든 퉁퉁 불은 멸치를 찾아 휘젓는 것뿐으로 어머니의 산고 따위는 알려 하지도 않았다.

그러던 미역국이, 젖을 내기 위한 음식으로만 알고 있던 그날의 미역국이 훗날 전혀 새로운 의미로 자리매김하리라고는 만에 하나는 커녕 만의 만 곱의 하나도 짐작하지 못했다.

대학병원 수련의 과정 두 번째 달에 나는 산과 병동에 배치되어 한 달 동안을 거의 밤을 새우다시피 근무했다. 분만은 대개 밤에 이루어졌다.

분만실의 실 상황은 교과서와 달랐다. 분만을 끝내고 자리를 가다듬고 난 뒤에 들어가 보았던 어머니의 안방과는 사뭇 달랐다. 의사에게도 산모에게도 분만은 미지에 대한 기대와 흥분인 동시 불안한 긴장이고 두려운 기다림이었다. 팽팽하게 긴장 감도는 산실은 불안과 초조로 때를 기다리는, 땀이 흐르고 피가 튀고 절박한 외침이 생생한 원시의 공간이었다.

분만대 위에서 진통을 겪는 산모들은 비 오듯 땀을 흘리고, 악을 쓰고, 몸을 뒤틀고, 때로는 입에 담기조차 면구한 온갖 욕지거리로 남편을 원망하기도 했다. 하지만 새로운 생명이 태어나 첫울음을 터뜨리면서 홀연 산고는 끝나고, 언제 그랬냐는 듯 땀범벅 된 얼굴에는 기쁨과 평화가 자애롭게 피어났다. 이마와 뺨에 헝클어져 붙은 머리카락을 손바닥으로 쓸어 다듬으며 짓는 환한 웃음. 진정한 행복과 기쁨은 고통과 인내 끝에 온다는 말을 실감케 하던 현장. 그 관문을 겪었을 모든 어머니, 나의 어머니.

자정을 넘긴 시각, 분만의 뒤처리를 끝내고 분만실 주방에 앉아 미역국을 먹을 때면 어머니의 산고가 뒤늦은 여진으로 가슴을 울렸다. 어머니가 끓여주던 것이나 진배없이 싱겁던 국, 하지만 그 미역국은 내게 더할 나위 없는 성찬이었다.

일상의 표정으로 어제 있었던 학교에서의 일을 재잘대며 맛있게 미역국을 먹는 손녀, 정작 아이는 멀쩡한데 왜 내가 목이 메는지.

유천 乳泉

 인도 북서부 라자스탄주의 란탐보르 국립공원 내 늪가, 어미호랑이 마킬리가 마른 숲 위에 누워 등치가 자기만큼이나 큰 두 새끼에게 젖을 물리고 있다. 첫배로 난 두 아들을 수호랑이 없이 혼자 키워온 어미는 끈질기게 따라붙는 다른 수놈에게 자신과 자식들의 안위를 위해 마지못해 교미를 허락하고 숨어 있는 새끼들에게 와 젖을 물리는 참이었다.
 뻔뻔하게 말라붙어 나올 것도 없는 젖을 핥는 새끼들의 머리통을 앞발로 부드럽게 쓰다듬는 어미, 이별의식(?)을 끝내고 돌아서 느릿한 걸음으로 떠나가는 새끼들을 촬영한 다큐를 TV에서 설 특집으로 내보내고 있었다.
 그 정경은 부지불식간에 나의 시계를 10년 전의 어느 가을날 오후로 되돌려 놓았다. 타계한 지 3년째인 벗 박 지점장과 그의 노모 사이에 있었던 일. 눈시울이 붉어졌다. 그러잖아도 몇 개월째 임시직으로 근무하고 있는 보건소의 모자보건실장이 한탄조로 말하던 현실이 마음을 울적하게 하던 참이었다.

설을 며칠 앞둔 눈 많이 내리던 날, 일찍 출근한 나에게 커피를 타주며 그때 실장은 요사이의 실상을 한탄조로 이야기해줬다. 모자보건실을 찾는 임산부 3, 40명 중 환하게 웃으며 기쁜 얼굴로 들어서는 사람은 겨우 열 명 안팎이라는 것. 나머지는 어쩌다 임신했는지 모르겠다며, 내 생활 다 빼앗기는 것도 억울한데 양육비 교육비는 어쩌란 거냐며, 국가가 키워줄 것도 아니면서 왜 자꾸 출산을 독려하느냐며 속상해 죽겠다는 말을 서슴없이 내뱉는다고 했다.

모성과 번식본능, 어미와 자식, 생존본능, 산다는 건 무엇이며 정이란 그들 사이에서 어떤 의미일까. 생각하며 사는 인간과 본능뿐이란 동물은 정情에서 서로 어떻게 다르고 어떻게 같을까.

어느 사이 3년, 근래 들어 하나둘씩 유명을 달리하는 벗 중에도 나는 유독 박 점장의 빈자리가 보다 아쉽고 안타깝다.

지방 출신인 그는 법대를 졸업하자 바로 은행에 입사해 승진이 빨랐다. 덕분에 많은 친구가 그에게 신세를 졌다. 그의 중·고·대학동창들은 물론 타교 출신들인 우리 여럿도 대출이라든가 금전관계에 문제가 생기면 주저 없이 그에게 자문하고 도움을 받았다. 함께 자취했던 고교 동기의 중학 동창일 뿐으로 겨우 이름이나 알던 그와 가깝게 된 것도 집 장만을 위한 대출 건 때문이었다.

그는 발이 넓었다. 초면이든 구면이든 누구라 가리지 않고 임의롭게 말을 트고 격의 없이 대했다. 계산에 밝은 반면 정에 약해 누구의 부탁도 거절을 못 했다. 그것이 금융인으로서는 치명적인 약점이 되어 회사에 손실을 끼치는 일에 휘말리게 되고 끝내는 능력과 노력에도 불구하고 지점장을 정점으로 옷을 벗었다.

그와 나는 비슷한 점이 많았다. 음악에 대한 취향이 같았고 산을 좋아하는 것이 같았다. 맛에 대한 취향이 같은 데다 바둑의 급수마저도 같았다. 그와 나는 많은 시간을 함께했다. 주중이면 만나 바둑을 두거나 새로 개발한 음식점을 찾는 것으로, 일요일이면 함께 산에 오르는 걸로 그와 나는 죽이 맞아 지냈다.

그는 노모를 모시고 있었다. 서울생활이 답답하다며 혼자되고 나서도 계속 시골에 머물던 자당은 박 점장이 은퇴하자 기꺼이 농사일을 접고 올라와 함께 기거하고 계셨다. 산 아래 이층집, 조망을 생각해 위층에 기거하시게 했다. 하지만 그것이 오히려 화근이 됐다. 아래층으로 내려오다 발을 헛디뎌 넘어지면서 노모가 대퇴골 골절상을 입었다.

응급수술을 받고 중환자실로 옮겨진 노모는 나흘 만에야 일반병실로 올라왔다. 바로 문병을 갔다. 커튼을 통해 오후의 햇살이 흐릿하게 비쳐드는 병실에 들어섰을 때, 나는 얼어붙듯 입구에 그냥 그대로 멈춰서고 말았다.

젖이라고 말할 수도 없게 말라붙어버린 앙상한 가슴, 시든 오디처럼 오글쪼글 오그라든 까만 꼭지를 친구가 진지한 얼굴로 빨아대고 있었다. 침대 위에 기진하게 누워, 풀어헤쳐진 가슴을 아들에게 내어 맡긴 채 고개를 벽 쪽으로 돌린 무표정한 팔순 노모의 얼굴. 볼을 타고 흘러내리는 눈물이 침대보를 자작자작 적시고 있었다.

무엇이었을까. 모성에 연결되는 강인한 생명력을 일깨우려 함이었을까. 고통을 잊게 하려는 위로의 행위였을까. 모정을 그리는 어린 날로의 회귀였을까. '로마인의 이웃사랑 Caritas Romana'을 소재로 한 암스테르담 리츠 미술관의 루벤스 명화, 푸에르토리코 애국의 상징이라며 우리나라에도 한 차례 소개되어 화제를 불러 모았던 그림, 언뜻 '노인과 여인 Cimon & Pero – 옥에 갇힌 아사지경의 아비에게 젖을 내어 물리는 딸–' 보다도 더 가슴을 뭉클하게 하는 불가해한 장면. 기원전 옛이야기의 그림일 뿐인 명화와는 느낌이 전혀 다른 생생한 정경이 속을 아릿하게 저몄다.

산다는 건 머리로 하는 일이 아니라 가슴이 관장하는 영역이란 것을, 참으로 산다는 것은 가슴으로 사는 것임을 나는 그때 절절하게 깨달았다. 비록 실수하고 상처받고 거듭 좌절하더라도, 슬퍼하고 기뻐하고 감동하면서, 희망과 용기를 싹틔

우면서 가슴으로 사는 게 인생이란 것을 나는 그때 절절하게 알게 됐다.
 무인년 정초의 고즈넉한 저녁 참, TV에 방영되는 호랑이의 모정을 보는 중에 고인이 된 지 한참인 벗이 새삼 그리워지고 있다.

벽제 하늘에
어머니를 여의고

 어머니가 떠나셨다. 수 아흔일곱, 토끼해 시월에 태어난 어머니는 같은 토끼해인 신묘辛卯년 정월 초하룻날 저녁 조용히 눈을 감으셨다. 동갑내기인 선친보다 보름 먼저 태어났던 어머니는 선친을 보내고 꼭 스무 해를 더 있다 그분 곁으로 가셨다.
 모여 선 육 남매, 아들 셋 딸 셋, 낳은 자식 중 하나를 어려서 교통사고로 잃은 것 외에 어머니는 어느 자식도 앞세우지 않았다. 어느새 환갑이 된 막내의 머리에도 희끗희끗 서리가 내려 있었다.
 가시기 전 마지막 한 해 동안 어머니는 둘째 딸과 막내아들이 사는 일산의 한 요양병원에 입원해 그들의 돌봄을 받았다. 운명하시자 막내가 애초 논의되었던 대로 어머니를 근처 동국대 일산병원으로 모셨다.

우리는 장례를 직계만으로 치르기로 했다. 조용하게 치르면서 어머니를 생각하고, 어머니와 우리 서로 간에 있었던 날들을 이야기하고, 슬퍼하고 싶었다. 선친이 타계했을 때 우리는 손님을 맞고 번다하게 장례 절차를 따르느라 아버지를 깊게 이야기하고 오롯이 슬퍼할 겨를이 없었다. 장장 아흔여섯 해를 우리 곁에 살아 주신 것만으로도 고마워 마지막 가는 길은 우리만으로 조촐하게, 올곧게 배웅하고 싶었다.

더구나 새해가 시작되는 정초요 연일 영하를 밑도는 추운 날씨인데다 이곳 장례식장은 교통마저 불편해 문상객이 와주는 것도 민망했다. 게다가 우리 나이도 생각하게 된 때문이었다. 형제 중 서넛은 그간 사회생활을 해 오면서 남들에게 부조한 것도 적지 않으니 도움을 받아 부끄러울 게 없다고도 했지만 앞으로의 행보를 생각하면 꼭 그렇게 이해만을 앞세울 일이 아니란 생각이 들었다. 지극히 가까운 일가친척이라 해도 상갓집에 머리 허연 노구는 더 이상 아름답게 보이지 않기에 칠십을 넘긴 나이들은 남의 혼상에 드나드는 일만큼은 자제해야 할 터라고, 더 이상은 상부상조하는 사교에서 비켜서는 게 옳다는 주장으로 아우들을 설득했다.

우리가 사는 것은, 더더구나 생산을 못 하고 사는 노후란 의식주 어느 하나까지도 모두 남들의 수고이니 그게 다 빚일 뿐이 아니던가. 남들에게 부담을 준다는 게 내키지 않았다. 어머니의 마지막 가시는 길은 다만 담소淡素했으면 싶었다.

선친과 같은 해 같은 해주에서 태어난 어머니는 해주여고보를 졸업하고 서울로 올라와 동구여상에 입학했다. 하지만 상고喪故를 당하자 학업을 중단하고 집에 내려와 외조부의 사업을 도우며 살림을 맡아 했다. 반년쯤 뒤 외조부가 재혼하여 집안이 안정될 즈음 전화국(체신처?)에서 취업을 권유해 왔다. 당시로서는 여자가 중학을 중퇴했다는 건- 비록 그곳이 도청소재지라 하더라도- 보통을 넘는 고학력이라고 했다. 용모가 단정하고 음색이 고운데다 말씀이 분명하여 적격이었노라고 어머니는 그 직장생활을 자부심 가득 회고하시고는 했다.

열아홉에 만나 일 년여의 열애 끝에 약혼한 아버지가 만주의 신경은행으로 발령을 받아 가자 어머니는 3년을 더 직장생활을 하며 아버지를 기다렸다. 그리고 두 분이 저축한 돈으로 해주항 옆 용당포에 선박 수리공장을 차리고 신혼생활을 시작했다. 사업은 성공적이어서 채 5년도 되지 않아 해주에 신흥갑부가 생겼다는 소문이 날 정도로 선친은 부를 쌓았다. 번창하던 공장은 광복과 함께 인민군치하가 되면서 문을 닫았다.

광복 열흘쯤 지나, 거센 흥분이 찹찹해질 즈음의 한 저녁 어머니는 바닷가 모래밭에 돗자리 서너 장을 깔고 우리 세 남매 외에 동네 아이들과 아낙들을 불러 모아 노래를 가르쳐 주었다. 〈올드 랭 싸인〉 곡에 맞춘 애국가. "동해물과 백두산이…", 그리고 그 겨울 남동생을 낳고 이어 이듬해 3월 쫓기듯 우리는 붉게 변한 고향을 떠나 서울로 왔다.

운송업을 시작으로 아버지의 사업이 부침을 거듭하는 동안 어머니는 두 해 터울로 연이어 동생들을 낳았다. 육아와 살림에서 어머니는 헤어나지 못했다. 고향 바다에서 작은 돛배를 타고 낚시를 즐기고, 서울로 대동강으로 월미도로, 멀리는 일본으로까지 여행을 즐기던 어머니의 낭만은 거기에서 그쳤다. 할머니와 함께 어머니는 온종일 바빴다. 아플 새도 없었다.

 선친의 사업이 궤도에 오를 무렵 6·25 전란이 일어났다. 충청도로의 피란. 그곳에서 어머니는 그간의 여리고 부드럽던 모습과는 정반대의 억척스럽고 강퍅한 장사꾼으로 변신한다. 오일장을 쫓아다니며 미군부대에서 흘러나오는 군복과 내복 따위를 구해 팔고, 해산물을 취급하며 아버지를 대신해 식구들의 입을 책임졌다.

 피란생활 끝 해 가을과 겨울 어머니는 담배 밀매를 했다. 나와 아버지가 한밤중 인근 농가를 돌며 공납하고 남겨둔 담뱃잎들을 모아 한 둥치가 백 근씩 되게 두세 개를 만들면, 어머니는 그것들을 밤 트럭 짐칸에 싣고 밤새도록 흔들리며 서울로 갔다. 차는 매번 한강이 멀찍이 보이는 곳에 멈춰 짐을 부리고, 어머니는 거기서부터 그것들을 끌고 혼자의 재량으로 강을 건넜다.

 어느 때는 여의나루 쪽, 때로는 흑석동이나 잠실나루, 뚝섬 근처. 짐꾼에게 두 둥치를 지우고 한 둥치를 머리에 인 어머니가 나룻배를 타기 위해 칠흑같이 어두운 밤 모래사장을 허위

단심 걸을 때면, 매듭이 느슨해진 포대기 틈으로 강바람이 매섭게 파고들고, 등에 업힌 막내의 얼어버린 오줌 기저귀가 한 발짝 움직일 때마다 서걱서걱 가슴 할퀴는 소리를 냈다고, 그때의 일을 이야기할 때마다 어머니는 눈물을 훔치셨다.

피난생활을 끝내고 아버지의 근무지인 인천으로 이사한 다음날, 어머니는 짐도 풀지 않은 채 서둘러 서울 집부터 가보셨다고 했다. 안방에 들어가 자개장롱의 부서진 조각들이 어지럽게 널려 있는 걸 넋을 잃고 바라보던 어머니는 곧장 부엌으로 내려가 아궁이의 재를 헤집으며 한 식경나마를 그을린 자개 쪼가리를 찾았다고, 따라갔던 할머니가 나중 말씀해 주셨다.

혼수로 손수 장만한 여섯 자 자개장롱, 문창호지를 통해 햇살이 비쳐들면 살아 있듯 움직이던 사슴과 거북들, 꿈틀거리던 소나무. 고향을 쫓겨 떠나오면서도 어머니는 그 십장생 화초장을 제일 먼저 배에 싣게 했었다.

그런 때문인지 어느 정도 생활이 안정되고 난 뒤로 어머니는 형편이 조금만 나아지면 장롱부터 바꾸자 졸라댔고, 그런 어머니를 아버지는 도대체 언제 철이 들거냐며 어이없어는 하면서도 나무라거나 막지는 않았다.

피난지에서의 어머니의 억척은 인천에서 치맛바람으로 변했다. 과외학원으로 피아노학원으로, 열성 학부형으로 동생들의 학교를 뻔질나게 드나들었다. 그런 덕분에 동생들 모두 서울로 진학하게 되기는 했다. 내가 대학에 입학한 해 봄 아버지가 서울 본사로 오게 되고서야 우리 식구는 모두 함께 수도에 재입성할 수 있었다.

　서울로 이사한 다음부터 어머니는 다시 옛날의 온화하고 조용한 살림하는 어머니로 되돌아갔다. 새롭게 교회에 나가며 신앙생활을 시작해 권사로 봉사했다. 내가 군복무로 월남에 가 있는 사이 뇌졸중으로 쓰러졌다 회복된 아버지가 재발하여 누워 지낸 끝 10년간, 어머니는 혼자 아버지를 돌보며 화곡동 집에서 조용하게 노후를 지냈다. 목욕을 시켜드리고 대소변을 받아내고 말동무를 해 드리고-, 욕창 하나 생기지 않았을 만큼 지극정성으로 보살폈다. 선친에게도 우리에게도 어머니는 참으로 큰, 너르고 깊은 은혜였다.

　만년의 여섯 해 동안, 어머니는 친구를 따라 실버타운에도 가 계시고 춘천의 막내딸네에도 머물고, 막내아들과 둘째 딸이 사는 일산에도 살며 효를 다하게 했다.

　고운 모습이 한 줌 재가 되어 담긴 상자를 안고 나오는 나에게 어머니가 허공에서 읊으셨다.

미련을 태웠노라
회한도 태웠노라
인연은 한 줄기
연기로 날렸노라

한 줌 재로 남았노라
그마저 버리노라
바람으로 넋 흩트려
자취 거둬 떠나노라

열여섯 고운 가슴으로 아흔여섯 해를 산 어머니. 어머니, 좋은 곳으로 가소서.

2011년 1월 4일 孤哀子 씁니다.

[연보]

- 1938년   2월 22일 황해도 해주에서 출생
  부친이 조선소를 운영하던 해주항 옆 용당포에서 어린 시절을 보냄
- 1944년   용당포소학교 입학
- 1946년   월남하여 서울 사직동에 정주
  매동초등학교 2학년에 편입
- 1950년   양정중학교에 입학,
  그해 12월 1·4후퇴로 충청남도 홍성으로 피란
  공백기라 할 3년의 암흑기 동안 절절하게 가난과 농촌체험을 함.
- 1953년   화랑고등공민학교(야간, 중학과정) 입학
- 1954년   홍성중학교로 옮겨 졸업
- 1956년   서울사대부고로 진학
- 1959년   서울의대에 입학, 1965년 졸업
- 1966년   군의관으로 입대 1년 간 월남 파병복무를 하고 1970년 제대
- 1974년   소아과 전문의 취득
  원호병원(현 보훈병원)에서 3년 간 소아과장 겸 진료부장
  (의무 부기감)으로 근무한 뒤 개원.
- 2002년   진료실을 닫음. 현 정병원 진료원장
- 2004년   계간 《시와 산문》에 〈가야금 산조〉
- 2010년   에세이문학에 〈방학동 은행나무〉로 등단
- 2009년   〈수필과 비평사〉 간 한국 대표수필가 87인의 《나의 대표작》에

〈아버지의 찔레꽃〉 수록
- 2012년 서정시학사 간 《한국의 좋은 수필》에 〈편지〉 수록
- 2014년 선수필 〈미리내〉 기획 《한국현대수필75인선》에 〈용대이〉 수록
   한국산문 편집 고문, 한국의사수필가협회 고문을 지냄.
   수필문우회 회원.

수필집
- 《바람도 덜어내고》 (2003, 세손)
- 《갈채》 (2008, 선우미디어)
- 《등받이》 (2011, 수필과비평)

산문집
- 《은빛 갈겨니》 (2005, 선우미디어)
- 《아버지의 팡세》 (2014, 수필과비평)

성장소설
- 《슴베, 그 서툴게 끼인 자리》 (2006, 푸른 길)

※ 수상
- 2005년 선농 사이버 문학상 대상
- 2006년 수필춘추 문학상
- 2007년 문화예술위원회 창작지원금 수혜
- 2008년 한국수필문학상
- 2009년 보령의사수필문학 대상

현대수필가 100인선 Ⅱ - 10 오세윤 수필선
편지

초판 인쇄 2014년 10월 10일
초판 발행 2014년 10월 15일

지은이 오세윤
펴낸이 서정환
펴낸곳 수필과비평사 · 좋은수필사
주소 서울시 종로구 삼일대로 32길 36(익선동 30-6 운현신화타워 빌딩) 305호.
전화 (02) 3675-5633, (063) 275-4000 · 0484 팩스 (063) 274-3131
이메일 sina321@hanmail.net essay321@hanmail.net
출판등록 제 300-2013-133호
인쇄 · 제본 신아출판사

저작권자 ⓒ 2014, 오세윤.
이 책의 저작권은 저자에게 있습니다. 서면에 의한 저자의 허락없이 내용의
일부를 인용하거나 발췌하는 것을 금합니다.

저자와 협의, 인지는 생략합니다.
잘못된 책은 바꿔 드립니다.

ISBN 979-11-85796-23-9 04810
ISBN 979-11-85796-15-4 (전100권)

값 7,000원

> 이 도서의 국립중앙도서관 출판시도서목록(CIP)은 서지정보유통지원시스템 홈페이지
> (http://seoji.nl.go.kr)와 국가자료공동목록시스템(http://www.nl.go.kr/kolisnet)에서 이용하
> 실 수 있습니다.(CIP제어번호: 2014029433)

Printed in KOREA